U0927196

幸福生活50招丛书

你的爱情有多甜蜜？

How Happy is Your Love Life?

50招让你的爱情更甜蜜

50 Great Tips to Help You Attract and Keep Your Perfect Partner

[英] 苏菲·凯勒（Sophie Keller）著

唐梦佳 译

内 容 提 要

本书为“幸福生活50招”丛书之一。

本书主要介绍了爱情中两性相处的50个技巧，内容包括为爱做准备，寻找爱情，创造持续一生的爱情三个部分，为爱情中两性的和谐相处提供了很多切实可行的建议。

书的开头有一个测试爱情甜蜜度的问卷，读者可自行测试并根据测试结果选择相应章节阅读。

本书适合在爱情关系中的两性以及恋爱婚姻咨询师阅读。

图书在版编目(CIP)数据

你的爱情有多甜蜜?:50招让你的爱情更甜蜜/(英)凯勒著;唐梦佳译. —上海:上海交通大学出版社,2013
(幸福生活50招)
ISBN 978-7-313-09476-6

Ⅰ.①你…　Ⅱ.①凯…②唐…　Ⅲ.①爱情—通俗读物　Ⅳ.①C913.1-49

中国版本图书馆CIP数据核字(2013)第038373号

你的爱情有多甜蜜?
50招让你的爱情更甜蜜
[英]苏菲·凯勒(Sophie Keller)　著
唐梦佳　译

上海交通大学出版社出版发行
(上海市番禺路951号　邮政编码200030)
电话:64071208　出版人:韩建民
上海交大印务有限公司印刷　全国新华书店经销
开本:787mm×1092mm　1/32　印张:4.625　字数:80千字
2013年3月第1版　2013年3月第1次印刷
印数:1～5030
ISBN 978-7-313-09476-6/C　定价:20.00元

How Happy is Your Love Life? 50 Great Tips to Help You Attract and Keep Your Perfect Partner

This edition arranged with Harlequin Enterprises 11 B. V. ||
S. à. n. e. through Big Apple Agency. Inc. Labuan, Malaysia.

上海市版权局著作权合同登记号:图字:09-2013-67

英国伦敦，摄政公园

水果音乐节

2003 年 8 月 10 日，星期天

大约下午 4:15

这本书献给我在“任何地点、任何时间的相遇”，

也献给你们的未来

前　　言

任何地点，任何时间

你可能在任何地点、任何时间遇见你一生的伴侣：还记得你把自己关在家里为一段逝去的感情悲痛欲绝；还记得已经受够了一直这样形单影只的日子；还记得你在很久以前就已经准备好投入一生的感情，只是那个他/她迟迟不肯出现。

你们可能会在商场、音乐节或是过马路的时候擦肩而过，可能是由朋友们介绍相识，也可能在图书馆、课堂或是健身场馆偶然相遇。你们相遇的可能性无穷无尽，而那正是缘分的美妙所在。你永远不会知道那个注定你命运的时刻何时来临，因为遇见你的伴侣是你人生中无法掌控的事情之一，往往会在你最不经意的时刻从天而降。

当这一天到来的时候——你终于踏上红毯，走向你未来的丈夫或妻子，你会想，之前自己为何要浪费那么多的时间来担心或是怀疑这一天是否真的会来临，其实，类似的经历很多人都有过，将来还会发生在更多的人身上。

所有遇见自己终身伴侣的人都可以证明，这往往就是一瞬间的事，和世上所有其他的事情一样，关键在于合适的时机。你要准备好，你的另一半也要准备好，然后冥冥之中有一种力量也会准备好。不管你怎么看待这种力量，不管你是否相信神的相助、上天的安排或是纯粹的运气，当你遇见你的终身伴侣时，往往你会意识到时机已经成熟。可能六个月前，你还居住在另一个城市，或者还纠结于另一段感情之中，或者你的另一半还在忙着享受单身生活。不管当时是什么情况，反正这三个要素之一还没有准备就绪，所以往往要事后你才会意识到合适的时机真的很关键。

举个例子，就说说我自己的故事吧。

2003 年 8 月 11 日，水果音乐节(Fruitstock Music Festival)在伦敦的摄政公园(Regent's Park)举行。那个下午，我正好和我哥哥还有他的几个朋友在那儿野餐。当时，我现在的丈夫奥利弗(Oliver)正从他在梅达韦尔(Maida Vale)的家里走出来，去他妈妈家喝下午茶。就在他要跨上摩托车的时候，他的邻居莉安娜(Leanne)正好从家里出来，如果早一分钟或者晚一分钟，他们就碰不到对方了。

"嗨，奥利"，她说，"我们要去摄政公园的音乐节，你也一起来吧?”

“不好意思,我恐怕去不了”,奥利说,“我正要去妈妈那里喝下午茶。”

“来吧”,莉安娜说,“就半个小时。你的很多老朋友也在那儿呢! 尼克(Nick),查理(Charlie)……”

“好吧”,奥利说,“我就去 15 分钟。”

那时我正和一群人坐在草坪上,远远地看到一个男人,从大概 50 码远的地方向我们走来。我几乎是情不自禁地站了起来,不等他走近就向他走了过去。

“嗨”,我说,“我叫苏菲。”

“嗨”,他说,“我叫奥利。”

我们 4 个月后就订婚了。

这就是我们相遇的经过,就像一瞬间从天而降一样。这在任何地点、任何时间都有可能会发生。今天你还是单身,说不定明天你就遇见了你的终身伴侣。

这个故事还没有结束。我和奥利有 6 个月分隔两地。虽然我是英国人,但我生活在洛杉矶,而他在伦敦。当我第二年的 4 月回到伦敦筹办婚礼的时候,我们去他姨妈家吃晚饭。姨妈说:“苏菲,我有几张你小时候的照片呢。”她从书架上取下一本老影集,翻到其中的一页,是她女儿的生日聚会,而我就在照片里,还是个小婴儿——和奥利在一起!

或许你已经遇见了你的终身伴侣,只不过自己还不知道,也或许你还在等待你的真命天子出现;可能你感觉自己已经单身了好多年，也可能你刚刚走出一段感情纠葛，而沮丧地发现至今还没有遇见那个特别的人；也可能你正在和某人约会，但不确定他/她是否真的就是那个对的人。如果你有以上任何一种情况，那么这本书就是为你写的。

这本书中的每一个建议，都是要帮助你创造更加美好的爱情生活，都是要让你转变观念，引领你到达一个对于你自己充分满意的境界，帮助你弄清楚你苦苦寻觅的究竟是个什么样的人，这样你就可以去吸引那个人的到来。一旦你遇到了一个可能的人，书中也有些建议来帮助你判断他/她是否真的就是那个对的人。

你要做的就是不断深入了解自己，想清楚你的需求，然后走出家门，让奇迹发生，因为它真的会发生。我遇到了，每天有上百万人遇到了，你也一定会的。同时，好好享受这本书吧，希望它会是你人生旅途中的一位好伙伴。等你遇见了你的终身伴侣，别忘了告诉我哦！

爱你们的苏菲

目　录

第二部分:寻找爱情

第三部分：创造持续一生的爱情

小测试：你的爱情有多甜蜜？

阅读每一个问题，圈出那个最能描述你和你爱情生活的答案。如果根据你的答案，你们的关系中有一些需要改善的地方，那就在书中找到相应的对策，然后开始创造更加幸福的爱情生活吧。记得每次学习一招！

圈出最准确的答案，然后翻到后面第 120 页查看测试结果。

1. 当你结束一段感情关系时，你会怎么做？

A 对你的前任抱有极大的愤怒，在朋友和家人面前将他批评得一无是处。

B 把你的经历和感受掩藏在内心，试图尽快让事情过去。

C 试着去弄清楚这段关系中有哪些做对了，哪些做错了，下一次你可以怎样做得更好。

2. 你对找到另一半持什么样的态度?

A 有些人很幸运能找到他们的终身伴侣,而其他人可没那么幸运。

B 这世上理想的伴侣很稀缺。

C 世界是丰富多彩的,每个人都会找到属于自己的另一半,也包括我。

3. 你的约会对象跟你的父母有多相似?

A 我发现自己常会被与我父母有着类似缺点的人吸引。

B 我发现自己常会被与我父母有着相似优点的人吸引。

C 我的约会对象跟我父母没什么共同点。

4. 当你处于感情的空窗期时,你会怎么做?

A 觉得无法享受单身生活,因为你太希望遇见你的伴侣了。

B 很享受你的单身生活,参加各种有趣的活动,因为你想充分利用时间。

C 享受生活,在等待时机的同时参与一些新的活动。

5. 当你的感情出现问题或是走向终点的时候,你会怎么做?

A 我会尽力掩盖问题,害怕接受自己不愿看到的事实。

B 我会冷静地读书，接受心理疏导，参加一些自我发展的课程，来完善自我。

C 我往往会找朋友倾诉。

6. 当你被抛弃了，你会怎么做？

A 调整一下自己，重新鼓起勇气，然后再接再厉。

B 满不在乎，你已经无所谓了，继续约会。

C 你发誓再也不谈恋爱了。

7. 如果你向家人介绍你的新伴侣，但没人对此表现出应有的热情，你会怎么做？

A 忽略你家人的看法(毕竟，他们什么都不了解)。

B 倾听家人的看法并且认真考虑他们所说的话，但你完全不会被他们左右。

C 放弃这段感情(毕竟，你的家人最了解你)。

8. 性爱的默契对你来说有多重要？

A 非常重要，没有这个无法维系我的感情。

B 如果我喜欢这个人，即使性爱一般，我也能接受。

C 只要我们相处融洽，我不需要很多的性爱满足。

9. 在你们感情的初期，你会袒露内心的秘密吗？

A 我会不计后果地把所有秘密都告诉对方。

B 我会在一开始稍稍敞开自己的心扉，随着感情渐入佳境，慢慢分享更多的秘密。

C 我什么都不说，因为怕对方会不喜欢我而放弃这段感情。

10. 当你和家人一起共度假期的时候，你有何感受？

A 很享受单独与家人在一起的时光。

B 觉得很难熬，因为你没有伴侣。

C 很享受与家人在一起的时光，但希望自己也能有人陪伴。

11. 关于希望找一个什么样的伴侣，你有何想法？

A 没有明确的想法。

B 花些时间制定切实可行的目标，清楚地知道自己想要的是什么。

C 知道自己不想要什么，但对于究竟想要什么则没有很明确的想法。

12. 你周围大部分人的感情状况怎样？

A 我大部分的朋友和家人要么单身，要么已经离婚。

B 我大部分的朋友和家人的感情关系都有问题。

C 我大部分的朋友和家人都处在充满关爱、坦诚和沟通融洽的感情关系中。

13. 关于出去约会和社交，以下哪项能最准确地描述你？

A 我觉得很难应对社交场合，所以很少出去约会。

B 我强迫自己出去社交，但是当我出去以后，我真的很享受这段时光。

C 我很喜欢社交，很爱出去与不同的人打交道。

14. 你的社交生活丰富多样吗？

A 我总是去同样的地方，一直待在自己的舒适区。

B 我喜欢去尝试新的地方，有新的体验，遇见不一样的人。

C 我有时候会被朋友说服而去新的地方。

15. 在刚开始约会的时候，如果你的约会对象惹恼了你，你会怎么做？

A 马上甩了他/她，因为他/她不是你理想中的那个人。

B 什么都能接受，因为你特别高兴能有人对你产生兴趣。

C 灵活应对，再给对方一次机会（毕竟，没有人是完美无缺的）。

16. 你会总是吸引到有着类似性格缺点的人吗？

A 是的，有一种明显的模式，他们都有类似的个性。

B 不是，他们都不一样，没有明显的模式可循。

C 典型的几个缺点很类似，其他则完全不同。

17. 当你开始与某人约会，你注意到明显的红色警告，预示着这段关系注定无法长久，你会怎么做？

A 无视这些警告，仍然继续约会，这总比一个人待着好。

B 在自己越陷越深之前离开对方。

C 勇敢地在开始的时候就与对方讨论这个红色警告，基于对方的回答再做决定。

18. 关于约会时应该穿什么，你有何想法？

A 花些精力让自己看起来美好而随意，穿一些能反映自己个性的衣服。

B 精心打扮，穿一些你平时不会穿的衣服，因为你觉得对方会喜欢。

C 不会刻意打扮，因为对方应该喜欢你的自然本色（否则他/她就不是属于你的那个人）。

19. 如果你跟一个正处于不幸福关系中的人互有好感，你会怎么做？

A 让他在结束这段感情并冷静一段时间之后再和你联系。

B 认为这是一个机会，可以私下和他约会，觉得自己也许可以加快他结束那段感情的决定，然后和你重新开始。

C 不在乎他是否已经有伴侣，因为你只是想玩玩而已，同时等待那个“对的人”出现。

20. 你典型的约会模式是怎样的？

A 第一次约会之后就不再联系了。

B 约会不会超过三个月。

C 有过几段长久的感情关系，但是都无疾而终。

21. 当你出去约会的时候，你能判断出对方是否喜欢你吗？

A 不能，我往往后知后觉。

B 有时候我能判断，有时候不能。

C 我总是能判断出来。

22. 当你和某人开始约会的时候，你们会做爱吗？

A 往往很快就进入这个环节，甚至是第一次约会的时候，只要对方很有吸引力。

B 在你们约会了好几次之后。

C 你会等到确定你们俩相处愉快，你们都感到在情感上相互联系，并且你们的关系能有未来的时候。

23. 如果你开始和某人约会，但发现他/她在钱的方面有点问题，你会怎么做？

A 狠狠地甩了他/她。

B 如果你真的喜欢对方，会尽力去解决问题。

C 给他/她钱,让他/她自己独立生活。

24. 如果有人搬进来跟你一块儿住,你能接受吗?

A 我很容易为别人过来跟我一起住而腾出空间。

B 如果非得这样,我会清理掉自己的一些东西,牺牲一点私人空间,但这样做会让我觉得很难。

C 我有很多东西,不想搬来搬去或者丢掉。

25. 如果你的约会对象想让你嫁给他,你会怎么做?

A 嫁给他,因为他是唯一一个向你求婚的人,毕竟没人能保证以后还会有人再向你求婚。

B 唯有你身体里的每一个细胞都呐喊着"我愿意"的时候,才嫁给他。

C 嫁给他,因为你喜欢他,虽然还有些问题,但你相信他会去改变。

为爱做准备

1 记住：世界一直在洗牌

全球大约有 70 亿人，就像洗牌一样，人们不停地建立关系，或是结束感情。不管你年龄多大，不管你身处何方，这世上，总有一个人在为你守候。

2 由内而外地了解自己

老子说："诚全而归之"。

引用这句话，是因为它阐明了：如果你能真正彻底地做自己，那么毫无疑问，你就会吸引到对你来说最完美的那个人。相反地，如果你还是把自己掩藏在层层面具和盔甲之下，那么很显然，你就会吸引到类似的虚伪做作的人。

所以，拿出勇气来完善你自己，竭尽所能去解决那些从你的孩提时期就遗留下来的老问题。这些问题包括以前你从父母、兄弟姐妹、同龄人、老师或是其他长辈身上学到的一些不讨人喜欢的行为以及不合时宜的观念，或者是在过去某段时间里你用来保护自己远离一切给你不安全感的人或环境的行为和观念。

这些旧的行为可能在多年前发挥过作用，让你安然无恙，但是现在已经无法满足你的需要了。事实上，它们很可能会阻碍你的成长，所以是时候摆脱它们了，这样你才会发现真正的自己，发现你生活的意义，发现你将会吸引到什么样的人。你已经是完整无缺的了；现在就卸下你的层层面具和盔甲，释放出自己独特、自信和纯真的本质——这才是吸引你终身幸福的关键！

了解了这一点，你就可以开始审视自己的感情模式。你是不是习惯了和一个人相处一阵子，然后在三个月的时候就分手，因为你有一种来自于童年的根深蒂固的对不自由的害怕？或许你有迅速进展的习惯，出于害怕被抛弃的心理，你会在约会了两次以后就想要和对方一起描画你们的未来，这源于在你幼年的时候，可能你父母中的一方离你而去或是不曾陪伴在你身边。也或许在你不开心的时候你容易反应过度，或者别人说了什么你不爱听的话你就赌气拒绝交流，因为你一直都用这种方式来解决问题。所有这些都是你从以往的经历中学到的感情模式，是你用来保护自己的方式。现在是时候去好好地了解自己，抛开这些陈旧的处事方式，这样你才能在不远的将来收获幸福，吸引到一个与你一样坦诚、正直和毫不伪装的人。（相似的人才会相互吸引！）

3 释放你心底的秘密

释放你心底掩藏着的秘密，正是这些秘密，让你害怕别人太靠近你的时候会发现真实的你。不管你是很缺钱，还是很容易出汗，还是处在一段不健康甚至被虐待的关系中，抑或是在学校期间受到过欺辱，你都要把这些秘密释放出来，而不是把它们永远埋在心底，让自己困扰不已。

我们每个人都会有一些不堪回首或是羞于提及的往事，所以不要觉得你是唯一的那一个。我 21 岁的时候参加了一项个人发展的培训课程，学员们围坐成一圈，培训师一直在问这个问题："秘密，谁心里藏着秘密？"在课堂上的几个小时当中，我和其他一些学员不时地站出来承认我们内心深处有埋藏了很久的秘密，害怕一旦把它们告诉了别人，自己在别人心目中的形象就会被颠覆。但是把这些秘密深深地埋在心底，我们就只能任凭它们将我们吞没。很多人都会觉得自己的秘密是独一无二的，但是在那次心理练习之后，我们都发现，其实很多人都有着相似的秘密！

在我做生活教练的过程中，我接触过公司的 CEO，社会名流，也有普通人。不管他们的社会地位和经济地位如何，我发现大家都遇到过类似的问题，只不过程度不同而已。

对于心底的秘密，你试图把它们藏着掖着也很简单，但是它们总会在不经意间从这里或是那里冒出头来。你越能真实地表现出自己的本质，你吸引到的另一半能给你带来的回报也就越大。

4 从过去的感情中汲取经验

在遇见终身伴侣之前，你的每一段感情经历都是彩排预演。从那些失败的经历中，你会学习在感情关系中应该如何表现，也会了解自己不断重复的某些行不通的感情模式。

有些人会有明显的感情模式。比如，你可能经常会跟一些情感不专一的人约会，或者特别容易被那些已经有了确定伴侣的人所吸引。不管你的感情模式是什么，一开始可能并不是很明显，所以你得多加留心才会发觉。

举个例子，当我回首自己的感情经历时，发现了一种明显的模式。我会跟对方在一起几年，但对方总是以这样或那样的方式在情感上难以让我满足。我曾经的一个男朋友有私情，另一个拒绝性爱，后来我又和一个中年男人约会，而他之前从来没有过稳定的感情经历。

我总会跟不专情的男人约会这个事实，其实是我自己的问题，不是他们的问题。这就是让我无法得到自己想要的人的秘密所在：情感不专一的关系。当我发现这种感情模式后，我深入剖析了自己的过去，发现了导致我总是作出错误选择的根源，所以，我对自己做了重大的改变，放下了曾经困扰我的那些问题。然后我暂停了约会，以便自己能够真正想清楚该选择什么样的人作为下一个约会的对象。我所做的这些努力真的有了回报，在单身了6个月之后，我终于遇见了那个能够对我专情的人——奥利。

那么，你能从过去的感情经历中学到什么呢？

下面的这些问题会反映出你可能有的感情模式。从你认真搜集到的讯息中，可以判断出你是否需要改变自己的行为方式，来吸引到一个完全不一样的对象。

给自己一点安静的时间，舒服地坐下来，拿出本子和笔，列出你以前的那些约会对象，并在每个人的名字旁边写下这些问题的答案：

1. **这段感情持续了多久？**（注意你的感情经历是否遵循一种时间模式。）

2. **你喜欢对方的哪些品质？**（比如说，我的前任很擅长说对不起。）

3. **你讨厌对方的哪些性格？**（比如说，我的前任很容易生气。）

4. **在你们的关系中，哪些方面最有默契**？（比如说，性爱很棒。）

5. **你们之间哪些方面难以互容**？（比如说，我们经常会激怒对方，然后争吵会升级到不可收拾的地步。）

6. **你做的哪些事情对感情关系不利**？（比如说，我花太多时间去陪对方，以至于忽略了自己的朋友和兴趣爱好。）

7. **对方是怎么抱怨你的**？（比如说，他觉得我简直要让他窒息了。）

当你针对每一个对象写出这些问题的答案之后，看看你所列的清单，然后回答下面的问题：

1. **如果你所列出的过去的感情经历之间有一种相似的联系，你觉得会是什么**？

   ....

   ....

   ....

2. **你所吸引到的对象之间有没有共同点**？

   ....

3. 通过你整理出来的信息，你需要解决哪些具体问题，才能让你打破固有的感情模式，不再吸引原来那一类人，而在未来吸引到完全不同的人？

4. 你认为问题的根源出在哪里？

5. 针对现在发现的问题，你可以采取哪些切实有效的措施来解决？

一旦你弄清楚了自己的感情模式，你就可以投入时间和精力来改变你的行为方式，从而吸引到更加适合你的人。

5 评估你的友情

当你还单身，并且正在试着解决自己的问题以便吸引一个跟以往都不一样的伴侣的时候，这也正是个机会来看看你周围的朋友，思考一下你在生活的其他方面吸引到了什么样的人。如果你注意到，就像你的感情生活一样，你的一些友情关系对你来说也不太合适，那么是时候远离那些损友，为更加健康有益的朋友们腾出空间了。就像你的情感对象一样，并不是所有的朋友都必须是一辈子的。有些友情可能会持续一生，但也有些朋友的来往是基于各式各样的原因，比如说你和某个朋友只是有些类似的经历而已。但就像美好的爱情会渐渐成长、日益深厚一样，好的友情也会随着时间的推移而不断发展。

这里有个方法可以帮助你评估现在的友情：在你要跟朋友聚会或是打电话给朋友之前，给自己的能量水平打分，从一到十。然后在你和朋友聊天或相处之后，注意一下你是觉得更有活力了，还是觉得精疲力尽，然后再次给你的能量水平打分，同样是从一到十。如果你觉得疲惫，那就记下来。下一次你再跟这个朋友相处时，做同样的事，确保把你前后精力的变化记录下来。如果你在很长一段时间内坚持做这个测试，并且发现在和这个朋友相处或是聊天之后你总是感到精疲力尽，那么这段友情很可能就过时了。如果你们的交谈或相处会让你觉得充满活力，那就很棒——这才是健康的友谊。

当然，这个测试也有例外。如果你的朋友因为某些原因正处于困难时期，就不要做这个测试，因为你也要考虑到对方的生活状态。当你的朋友正在经历生活的波折时，你是不会想要去考验你们的友情的。

6 治愈家庭旧伤

当你结束了上一段感情处于空窗期的时候，一定要尽你所能让自己转移注意力，清除所有悬而未决的问题，这样你才能在下一次吸引到完全不同的人。

如果你希望改善和某个家人的关系，无论是你的父亲或母亲，兄弟姐妹还是某个比较近的亲戚，那么现在就是最完美的时机了。你往往会发现，如果你这样做，就会不知不觉地影响你爱情中下一个吸引到的对象。相信我，你吸引到的这个人会很留意你们家庭的关系，所以你越能与家人和平共处就越好。你的家庭关系不必完美无缺，但是如果你正在努力改善它，那就向你未来的伴侣表明，你有这个智慧和动力能够让你们的关系不断向好的方向发展，而不是停滞不前或是纠结在过去的阴影里。

比方说，如果你已经30多岁了，却还在责怪父亲在你7岁的时候离开了你，或是母亲在你童年的时候嗜酒如命,那么这会给你潜在的伴侣一种信号:你还没有料理好自己的事情,而他可不会认为这是什么讨人喜欢的事。

所以在你单身的时候,要努力处理好自己跟家人有关的问题,不管以前发生过什么,都要专注于成为自己命运的主宰者。在很多事情上,你要为自己人生的选择和行为负责,这样你才能解决你应当去面对的问题,让它们过去,生活依然要继续。

7 摆脱阻碍成功的错误观念

很多你在爱情生活中所面临的局限其实都是自我强加的，这是因为你对自己有一些负面的看法，以及在约会的时候或是一段感情关系中，你期待对方应当或是不应当做某些事。即使这些想法会随着时间和你的经历发生改变，但大部分局限性的看法会让你封闭自己，也会减少你的选择余地，让你难以得到自己想要的。

我们采纳某些观念首先是因为它们能帮助我们在这个不确定的世界上抓住一点点确定的东西。所以问题是，你怎样去发现是哪些负面的观点阻止了你前进的脚步?

如果你在一段时间里仔细倾听内心的声音，你会发现自己正不知不觉地遵循某些显著的负面观念。它们可能是你在最脆弱的时候从兄弟姐妹、父母或是某个成年人身上学到的，或者也可能只是你从过去的经验中得出结论认定某些事情是对的，而你后来也就再也不曾修正过它们——

这使得你无法接受它们有可能是错的这个事实！

当涉及你的感情关系时，你真的必须非常清楚自己内心的想法。你要远离那些错误的观念或结论，比如说：

我还不够好，所以不配得到一段长期稳定的爱情。

没有人愿意跟我结婚。

我还是一个人更好。

我的感情关系都会以失败告终。

我这种人，谁都受不了。

男人根本不愿意承诺。

女人总是想要把我拴住。

以上这些错误的想法你有过吗？或是你还有什么可以加进去的？你的错误观念刚开始并不会那么明显，但一定要把它们找出来，这真的很重要，因为它们会阻碍你吸引到你想要的人。如果你想遇见那个对的人，那么你就要拥有那些能给予你正能量的想法，让你不屈不挠地前进而永不言弃。

通过完成下面的练习，你会挖掘出阻碍你前进并且让你难以得到你想要的人的那些负面观点，同时，你也会学到支持你进步的新理念。

回答下面的问题：

1. 在与他人的约会中，三个局限我的想法是：

2. 约会时我希望有的三个让我自信的想法是：

3. 在感情关系中，三个局限我的想法是：

4. 在感情关系中我希望有的三个让我自信的想法是：

5. 我接下来要怎么做才能让我对 2 和 4 的答案变成现实：

你的目标就是要甩掉那些局限你的观点，培养那些能让你的生活更加快乐、轻松和成功的理念。

8 汲取经验，把失败留在过去

每一个认真生活的人都会有一段甚至好几段失败的感情经历，但是都熬过来了；每一个真心付出的人都有过曾经被伤害和因心碎而留下伤痕的经历，但现在看来也都成为历史了。这些经历，在当时觉得简直就是毁灭性的打击，而其实它们在很多方面都帮助了你。当开始一段新的感情时，这些心碎的过往会让你变得更加富有爱心，也会对最终遇到你的终身伴侣更加心存感激。

每次心碎之后，你慢慢调整自己直到焕然一新，你就又向着未来成功的爱情迈进了一步——只要你能把上一段感情中所犯的错误看成是对未来的经验，而不是过去的失败。所以不要纠结于曾经的错误，不要沉溺在你认为当初自己可以做或是应该做而又没有去做的事情中不能自拔。错了就错了，并且也都过去了。不管你做了什么不对的事情都要原谅自己，把它们看成是将来能做得更好的经验，继续前进吧。

9 发掘自身更多的潜能

如果你现在单身，正有着大把的时间可以去做你想做的事，那就接受我的建议——不要浪费时间。你有什么事情是一直想做却没时间去做或者害怕去做的呢？那么在你投入另一段感情，再次忙起来之前，就是你去做那些事情的时候了。写下一系列的活动，然后选择其中的一项，勇敢地开始吧，不管是学游泳还是烹饪，学骑马还是冲浪，或者是参加设计培训课程，现在就去做吧！

我在每段感情之间的空窗期，会参加各式各样的活动，发展自己的兴趣爱好，然后当我处在一段认真的感情关系中没什么闲暇时间的时候，我就会减少这些活动，因为我要花更多的时间跟男朋友在一起。让自己保持忙碌的好处在于，我从不浪费时间，我知道所有这些课程和爱好不仅能帮助我认识很多新的朋友，也会让我成为一个更加有趣而丰富的人。

这里所列的就是我在单身时做的一些事：我参加了培训，成为了风水术士、专业的占星师和瑜伽教练。我学习了塔罗牌和看手相（不过我对后者不太擅长）。我参加了导演课程，写了两部舞台剧。后来我还接受了催眠术的培训，而且多年来我一直在学习神经语言学的课程。我其实可以一直说下去，因为我做过的实在太多了，而你只是要了解这个观念：珍惜每一天吧！

时间太宝贵了，可不能让它白白溜走，培养你的能力和兴趣会让你成为一个更具魅力的人。它证明了你对生活的热情，证明了它能为你带来乐趣，证明了你渴望学习并且能够成为一个更好的人。即使对方的兴趣爱好和你的不一样也没关系，你对于新事物的渴求会让对方觉得你是个有趣而丰富的人。

所以选择一些你一直想要去做的事情，现在就行动吧！

10 健康地走出失恋阴影

结束一段感情从来都不是什么容易的事，失去的感觉通常都是深刻而痛楚的。但这次失恋的经历总是会过去的。你的感受和想法一直都在变，过几个星期、几个月，很少的情况下，过个几年，这些终究将变成回忆。可能上一刻你还觉得很愤怒，然后是觉得悲伤和失望，但就在下一刻，你会觉得已经过去了。你要承认你心中所有的情绪，而不是否认它们的存在。不要刻意压制它们或是任凭自己沉溺在某种感受中无法自拔，因为这会对你的健康不利。重要的是去发现你为什么会有这种感受的根源，然后去解决它。

尽量让自己感受当下，缓缓迈出前进的步子。当你早上醒来，第一件事就是拿起放在床头的本子和笔，写下你生命中最感激的 5 件事。在接下来的一整天里，百分之百地专注于你所做的任何事情，这样你才不会被情绪左右。如果你的情绪让你不知所措，那你一定要对自己周围的事物、你的呼吸和你身处何地保持清醒。如果那意味着你必须说出周围5件东西以及它们的颜色才能让你清醒过来，那就这样去做。比如，你可以说："我看到一件蓝色的衣服，我看到白色的窗帘，我看到一部粉色的电话机。"然后列举出那个时候你能听到的5种声音。比如，你可以说："我听到了汽车的声音，我听到有人在说话，我听到了打字的声音。"然后把注意力集中到你的身体，留意身体有什么感受，比如说，"我感到地板在我的脚下，我感到手臂撑在桌子上，我感到嘴唇抿在一起。"接下来如果必要的话，松弛你的下巴，放松你的肩膀，专注于你的呼吸。每次你觉得自己又不知不觉沉溺在负面的情绪中不能自拔的时候，就把心思拉回到你能看到、听到和感受到的东西上，如果你真的不知道自己正身处何地，低头看看你的脚，你双脚所站的位置就是你的位置！

你也要给自己一个喘息的机会，把注意力从自己转移到他人身上。要度过这段困难时期，走出内心阴影的一个很好的方法就是帮助别人做一些事，这样你就会把注意力转移到外部的事物上。记住，外面有一个广阔精彩的世界，有几十亿人在那里，所以不要把自己封闭在情绪的黑洞里太久了。每当我情绪低落的时候，帮助别人总能让我对所有的事情都感觉好起来。

所以你可以在超市里夸赞一下别人漂亮的领带，可以去帮助一个无家可归的流浪汉，可以在你房子周围杂草丛生的路边栽上鲜花,可以去你们当地的流浪动物收容所里当志愿者,或者花点时间在附近的托儿所给小朋友们讲讲故事。我建议你们可以去做这些事,为别人付出能帮助你治愈心灵的创伤,让你感觉到自己是更大社会中的一分子,我们每个人都是彼此相连的,除了你的失恋之外,还有非常美好的生活在等着你。

毫无疑问,当你走出这段失恋的阴影之后,你会成为一个非常不一样的人,你会更加了解自己。你会改变和成长,而这些会让你的生活更加美好,因为你把心态调整到了一个崭新的高度。但是在到达这个新的高度之前,你通常都得经历黎明前的黑暗,然后才能凤凰涅槃。这对你来说是一段成长的经历,也是一种深层次的蜕变,它会把你带向一个新的高度,很多时候,也会在下一个转角让你开始一段新的恋情。当然如果你需要帮助,那么不要犹豫,往往在这段时间,外部的指导会让你受益良多。

11 抹掉你的过去，为将来腾出空间

帮助你从过去的感情阴影中走出来的一个很好的办法就是，给你的前任写一封信，但是不用真的寄出去。在这封信里你可以把自己想说的全部写下来，把你内心的感受全部宣泄出来。这封信是为你自己而写的，是为了让你感觉好起来，不用真的寄给对方。

我记得跟遇到我丈夫之前的那个男人分手的时候，我就是这样做的。有些我想说的话他其实没必要知道，但我需要把憋在胸口的情绪发泄出来。所以我选了个安静的时候，放上一些经典的音乐，给他写了一封充满愤怒的措辞激烈的信，有那么一会儿我甚至生气到笔尖把信纸都划破了。但我发现，写这样一封信把我对以前那些男朋友的不满也激发了出来，所以我把他们也写进了信里。我甚至没有再回头读这封信，因为当我把愤怒宣泄出去之后，我就感受到了悲伤。后来当我写完信，我就去了外面的烧烤炉，把这封信烧了，也把我所有能想到的跟他以及跟过去其他男友有关的东西全都烧了，这让我冲破枷锁，如获新生！

12 清楚地知道你想要的

所有你想要从外面寻找的东西，首先都要在心里勾画好。所以你要能够非常清楚地向自己描述你想找的是一个什么样的人。拿一个本子，做下面的练习。

A. 制定你的目标

明确地写下你希望达到的目标，确保用一种积极的语言来形容，比如说：我的目标是在2年之内找到自己的终身伴侣，在5年之内步入婚姻殿堂。

不要担心你在既定的时间内能否完成，只要先写下一个目前来说切实合理的目标。你的伴侣和天地万物都要准备好，你准备好了，并不意味着他们也准备好了。

B. 选择你希望对方能够具备的品质

列举出十项你最希望你的伴侣能拥有的品质。

示例如下：

温暖	有爱心	忠诚	冒险精神
创造力	独立	外向	严肃
安静	悠闲	有趣	孩子气
天真率直	强势	知识渊博	自信
富有想象力	热情	内向	勇敢
有魅力	直觉	思想开明	乐观
有条理	有思想	敏感	可靠
现实	幽默感	理智	真挚
体贴	大胆	容易相处	快乐
友好	真诚	性感	稳定
情绪化	明智	事业有成	温柔

当你思考什么样的人最适合你的时候，你要考虑到自己的性格以及你们俩之间能否合拍。如果你们俩都喜欢一直讲笑话，相处起来也会很累人。如果你们俩都习惯于制定计划，那你们可能就不会有足够的空间自然发挥和适当冒险。试着考虑一下你们俩的性格能否相互契合。

C. 按照重要程度排列这些品质

当你选出了自己最心仪的十项品质之后，按照它们对你来说的重要程度排列顺序。

D. 明确每项品质重要的原因

在每一项品质的旁边，写下你未来伴侣需要拥有这项品质的原因。

示例：

忠诚——这对我在感情关系中的安全感很重要，特别是我在感情上非常容易受伤害。我是个很忠诚的人，希望我的伴侣也一定要拥有同样的品质。

强势——我觉得跟一个对生活很有热情并且努力达成目标的人在一起感觉很棒。

有趣——我经常是比较紧张和严肃的，我希望有个人可以让我放松，给我更多的欢笑。

当你认清了自己希望对方拥有的品质之后，你会更容易找到这个合适的人。

13 没有情人的假期（尤其是情人节）怎么过

情人节、感恩节、圣诞节和复活节都是一年当中值得庆祝的节日，但是对于单身的人来说，这些节日会非常难熬，也会感到难以忍受的孤独。就拿情人节来举例，这里有些方法可以克服节日的孤独感。你也可以把这些观点运用到一年当中的其他任何需要调整心态的时候。

1. 出于这样或那样的原因，我们不得不把 2 月 14 日当成一个非常重要的日子来对待。但是请记住，虽然情人节是个古老、经典和被普遍认同的传统节日，它同时也是个被高度商业化的日子，商家们利用这个节日来卖贺卡、鲜花、巧克力以及各式各样的礼物，饭店也利用这一天推出情侣套餐来赚得惊人的利润。当你这样分析它的时候，就显得没那么浪漫了，是吧？

2. 如果你还是想要认真对待情人节，那就试着改变你的心态，把情人节看成是一个“普爱日”，这是个更加健康的方法。这意味着这一天是让你记得要爱自己，爱家人，爱你的朋友，爱你的同事以及全人类。那就是我们每个人都可以去庆祝的日子了！

3. 如果你为了上一年还跟某人在一起度过，而今年却形单影只而沮丧难过，千万别这样。要记得你一个人等待着那个对的人到来，总是比跟一个不适合你的人在一起庆祝这个节日要好得多，因为后者只是你想要填补感情的空白，让自己感觉不是一个人而已。

4. 如果你单身，就享受单身吧。当你遇到那个对的人，你们会有足够的情人节可以一起共度，而很多真正在一起的人反而不太会把这一天当回事。在一段美好的感情关系中，每一天都有机会向你的伴侣表达爱意，实在没必要把 365 天中的某一天拿出来特别对待。

5. 让这一天成为你思考自己想要怎样的感情关系的日子，让这一天来提醒你记得你希望未来伴侣应当拥有什么样的品质。在每一个特别的日子，当你想要提振自己信心的时候，花点时间再写一遍你想要找什么样的人。相信我，这真的会帮助你振奋精神！

14 爱自己，才能遇见爱你的人

当你变得愈加完整并且更能接受自己是什么样的人时，你吸引对方的力量也就增强了。这是因为你越是自信，你就会变得越迷人。自信的人周身会散发一种气质，非常令人心动。这是一种很难用语言描述的气场。

如果你看“气场(presence)”这个词，拆开来看，就变成了 pre essence，在你为自己戴上的层层面具和盔甲之下，是你的本真(essence)。你越努力地剥离那层层的盔甲，卸下你陈旧无用的面具，就会越多地显露出你的本真。你真实的一面会非常吸引人。随着真实而来的就是自信，你越自信，你就会表现得越友好，越坦诚。

当你卸下层层面具，你会发现，久而久之，你的身体也会变得更自由，随之而来的，你坐着、站立和走路的姿势都会改变。你的仪态变了，而仪态在约会的过程中非常重要。如果你能挺直腰板走路，身体自然放松，这可要比耸着肩膀，就像时刻准备着保护自己，或者像是整个世界都压在你的双肩上一样迷人多了。你的仪态会充分反映出你的性格和你的自信程度，有好的仪态，站得很直，会让人觉得你是个自信而有能力的人。如果你觉得需要在仪态上下点功夫，那就试着去练练瑜珈或普拉提，或者更有针对性的亚力山大康复技术（Alexander Technique），这是直接训练你的坐姿、站姿和行动姿势的技术。这些都能帮助你甩掉之前由于压力积累下来的坏习惯，指导你如何用一种更加自然、自由和自信的方式行动。

寻找爱情

15 多跟感情美满的人相处

没有人是一座孤岛，人们往往会跟周围的人一起经历人生的蜕变。人们会随波逐流，如果你的朋友们在约会，那意味着你也会在这个浪潮中遇到自己心仪的对象。跟朋友们在一起你常常会发现：一群朋友中有一个结婚，然后似乎其他所有人都会开始结婚。同样道理，当一个朋友有了孩子，其他人也就离这不远了。

懂得了随波逐流这个道理，如果你在寻找一段美好的爱情，那就多和那些已经拥有美满爱情的人多多相处吧，这会对你产生潜移默化的影响。留心观察你的朋友们有多幸福。如果你周围有很多人都处于不正常的关系当中，那么要小心，不要牵扯进同样不健康的关系中去。如果你发觉你的情况正是如此，那就得多花点时间跟那些在感情关系上能为你做出榜样的人在一起。

16 看看你父母的优点

信不信由你，你理想中的伴侣往往跟你的父母有很多相似的优点。如果你的未来伴侣是男性，那就写下5个你父亲最好的优点；如果你的未来伴侣是女性，那就写下5个你母亲最好的优点（如果你是单亲家庭或者只有一个监护人，那就写下他/她最好的优点，不管什么性别）。从列举出的优点中，你会得到很好的启示，了解自己可能会跟什么样的人相处融洽。

比如说，我父亲最好的品质跟我丈夫是一致的。他们都是温暖、文雅、懂得付出和敏感的人，他们都很容易与人相处。当我写到这里的时候，我丈夫还帮我指出，他们俩都对冰淇淋毫无免疫力！

另一方面，如果在约会的时候，你发现自己会不自觉地去寻找一个有着一些你父母最好品质但同时也具有他们性格中很多缺陷的人，那也不是件好事。

让我举个例子。假设你是位女士，你父亲酗酒无度，所以你发现自己老是被一些嗜酒或是对某些事物成瘾的男人所吸引。或者你父亲总是离家工作，你就会容易被那些在异地工作或是因为某种原因经常不在身边的人所吸引。

这不会给你带来长久美满的感情关系，你应该采取行动来治愈你与父母关系中的创伤，这样你才会不再吸引那些有着同样缺点的人。

17 走出家门

虽然宅在家里让你觉得很舒服，但你永远不可能坐在家里，吃着冰淇淋，看着最喜爱的肥皂剧，就遇见你未来的伴侣！不要这样，你得出去，和其他单身的人混在一起，去约会吧！

这就像抽奖一样，如果你不去参与，你就永远不会得奖。这意味着你要去一些平常不会去的地方，认识一些新面孔，也让别人能认识你。如果你已经连着好多年都去隔壁的酒吧并且从来没遇见过什么合适的人，那么妄想你会在那里遇见某个人真的很没意义。

你要跳出自己的舒适区，去一些你从未到过的地方。你甚至可以开始培养一些新的兴趣爱好。想一想你要寻找的那个人可能会去什么地方。我的前两任相处得比较久的男友都是在瑜伽课上认识的。可能你会在某个跑步俱乐部或者烹饪课上或者通过某个做志愿者的机会遇见你的伴侣。

所以写下 5 个地方，这些地方你以前从未去过，但你觉得可能会在这里遇见你在寻找的那个人。

下面是一些例子：

音乐节

网球俱乐部

宠物公园

一家很棒的新餐厅

健身房

美术馆的开幕式

5 个我可以去的新地方：

....

....

....

....

....

然后腾出时间，换上合适的衣服，出去享受生活吧！

18 让想象帮你如愿以偿

我曾经在炽热的炭堆上走过三次。当你学习渡火时，你就学会了相信你的三种主要感官（视觉、听觉和触觉），让你的脑海中充满影像、感受和声音，这样你就能将精神集中于其他方面，走过炽热的炭火而不烫伤你的双脚！这里是一些应当怎样去做的提示：

视觉——保持你的眼睛向上看，永远不要看下面火热的炭堆。

触觉——在开始之前先摆起你的双臂，在走过炭堆的时候继续摆动来引导你的感官。

听觉——选择一种祈祷文，走过炭堆的时候在口中不断重复。

我的意思不是说遇见你未来伴侣的感觉就跟渡火完全一样（虽然我确定我们有过很多次约会跟这个感觉非常相似），但是当你在寻找终身伴侣的时候，你要发自内心地把自己的感官调整到当你遇见他时所能看到、听到和感受到的一样。

回答下列问题：

1. 你看到什么会让你知道自己已经遇见了终身伴侣？在你的脑海中想象一下。

比如：

我会看到我的伴侣向我求婚。

我会看到我的伴侣在红毯的另一端等待着我。

我会在结婚前看到镜子中的自己穿着婚纱或是燕尾服的情景。

2. 你感到什么会让你知道自己已经遇见了终身伴侣？想象一下你已经感受到了。

比如：

我会觉得自己完完全全被爱着。

我会有安全感。

我会觉得自己像是回家了。

3. 你听到什么会让你知道自己已经遇见了终身伴侣？想象一下你已经听到了。

比如：

我会听到他说："你愿意嫁给我吗？"或者"我想一辈子与你在一起。"

我会听到她说:“我爱上你了。”

我会听到她向别人介绍说我是她的未婚夫。

花几分钟的时间,闭上眼睛,想象一下你拥有这些感受是什么样的。你要告诉你的身体经历这一切是一种什么样的感觉。

你要不断练习。当你做了这个测试,你要一有机会就不断为自己营造这种感觉。躺在床上的时候练习一下,或是在等医生甚至等车的时候用一小会儿做个白日梦!这种方式会帮助你在那一刻真正来临的时候意识到,因为你已经在内心无数次经历这种感受,你已经很清楚当你遇见终身伴侣的时候是一种什么样的感觉。

当我遇见奥利的时候,第一次约会我就知道他会是我的真命天子,因为我有一种充分的安全感和熟悉感,这也是我无数次练习时所感受到的。那是个美好的夏日,伦敦的天气热得简直要沸腾起来,他开摩托车带上我。而我那时刚刚通过摩托车考试,所以他发动车子的模样给我留下了极其深刻的印象。而就在几天前,他妈妈还对他说:“如果你再不买辆车,你可永远别想碰见一个好女孩儿!”

刚开始我们去了诺丁山(Notting Hill)吃午餐,后来又去逛了坡托贝罗路市场(Portobello Road Market),在那儿奥利对一个塔罗占卜师谎称我们已经结婚了(现在他可不承认了,总是声称自己是过了好几个星期才确定我们关系的!)。后来我们又上了他的机车,走遍了伦敦所有最负盛名的景点:国会大厦(the Houses of Parliament),伦敦塔桥(London Bridge),伦敦眼(the London Eye),泰特现代美术馆(Tate Modern),伦敦塔(the Tower of London)和千禧巨蛋(The Dome)。你说得出名字的,我们都走遍了。当他开着摩托车的时候,我紧紧地抓着他。等我们到了千禧巨蛋时,我意识到平时不断练习的那种感觉开始油然而生。我能描述的就是我觉得自己像是"回家了"。我在奥利的耳边轻轻地说:"我现在太开心了。"而他的整个身体从懒散变得一下子挺直了,就像精神瞬间被提振了一样,我知道其实他也有着同样的感受。

19 相信世界是丰富多彩的

我认为这个世界是丰富多彩的，我深信，如果你想让生活变得美好，你就要有这样的心态：每个人都有足够的空间可以发挥自己。有足够的金钱，有足够的工作，有足够的朋友，当然最重要的是，有足够的爱！如果你拥有这样的心态，那么你永远都会拥有足够多的一切。

偶尔某些时候，我也会几乎失去希望，觉得自己很难遇到一个特别的人，但只要听说有人订婚了或是结婚了，或者看到某一对很棒很有爱的夫妻生活在一起，这些总是会激励我，让我继续前进，并且相信世上总有一个人在为我守候。后来事实证明的确如此。如果这对别人来说是可能的，那么对我来说也是可能的，对你们所有人来说也一样。

如果你要积极地吸引某个人来到你的身边，那么就在你找到这个人之前，真心地帮助别人，衷心祝愿那些已有伴侣的朋友和家人生活幸福。如果他们找到了那个对的人，那就意味着你的 Mr. Right 离你也不远了。

20 了解你的约会对象

当你开始跟某个你喜欢的人约会后，一个比较好的了解他的方法是问他一些问题，这样你就会更清楚地知道他是个什么样的人。我列举出了你们可能会问的一些有意思的问题。你们可以计划一个晚上的约会出去吃饭，带上这本书，问对方这些问题，或者选择其中的一些深入了解。通过这种方式，你们可以分享彼此的看法，并且也很有趣。

当你们愈加了解对方的时候，你们的关系就在进一步发展了，多花点时间来深入了解你的约会对象吧。你可以浏览他喜欢的网站，读一本他最爱的书，看一部他最爱的电影，了解更多他工作的情况或者对他的个人爱好表示一些兴趣，也不用非得自己参与进去。你越了解你的约会对象，也让他越了解你，你们就会感觉彼此越接近，他会非常高兴地看到你努力要融入到他的世界中。

1. 你生活中最大的热情是什么?

2. 你最擅长的是什么?

3. 你最喜欢做什么家务?

4. 你最喜爱的放松方式是什么?

5. 你小时候最喜欢做的事情是什么?

6. 你最喜欢哪三个乐队?

7. 如果你得搬去别的国家生活,你希望是哪里?

8. 如果你要为自己的一餐做三道菜,你会选择做什么?

9. 你最不喜欢吃什么?

10. 你性格中最好的三个特点是什么?

11. 你性格中最不好的特点是什么?

12. 你最喜欢的动物是什么?

13. 你最热衷的课程是什么?

14. 你最希望邀请哪三个名人来家里一起晚餐(不管是否还在世)?

15. 你最感兴趣并且想要了解更多的学科是什么?

16. 你最喜欢的三本书是什么?

17. 你在校期间最喜欢的科目是什么?

18. 如果你要写一本书,会是什么样的题材,是关于什么的?

19. 你最不讨人喜欢的习惯是什么?

20. 是什么让你成为一个好的朋友?

21. 你最喜欢哪三个网站?

22. 你生活中最看重的是什么?

23. 生活中的什么困难经历让你成为了一个更坚强的人?

24. 你父母的哪方面最让你敬佩?

25. 你毕生坚守的理想是什么?

21 不要期待完美

如果你总幻想着会遇到一个完美的人，所以从不对任何人作出承诺，那你就真的会永远单身。你幻想会遇见一个像《我为玛丽狂》(*There's Something About Mary*)里卡梅隆·迪亚兹(Cameron Diaz)那样可爱而有趣的女孩儿，或者像《角斗士》(*Gladiator*)里罗素·克劳(Russell Crowe)那样的铁骨柔情的男子汉，而且你打算一直寻觅，直到他/她出现。但这样的人在现实生活中是不存在的，固执地等待这样的人出现只会让你无法在现实世界中建立正常的感情关系。简单地说，等待一个“完美”的、有着一切美好品质的人，就意味着你要孤独地等待，很可能遥遥无期。所以面对现实吧。记住你要找的那个人不是一个幻想中的角色，而是一个真实的人，是各种现实品质的综合体。

22 找一个愿意改变的人

你寻找的伴侣其最重要的个性之一就是要能够坦然地接受自身的成长和发展，而不是拒绝改变。如果你选择跟一个拒绝改变的人在一起，你会发现自己正随着时间的推移在慢慢成长和蜕变，而他还是老样子，这最终会导致你们俩渐行渐远。你们不需要以同一个速度成长，但你们都需要改变。如果你们中的一个在改变并积极地治愈旧伤，而另一个却不愿意这么做，那这段感情就不会长久。

一段真正健康的感情关系是你们俩都很坦然地接受自身的成长和改变，并且都愿意支持对方，也给彼此空间，一起变得更加成熟和睿智。这样你就会有幸见证并支持对方的成长，而你的伴侣也有同样的机会来支持你。一个人是否能坦然接受改变的特征包括：

他会很容易说“对不起”。

她不会总是纠结于自己是“对的”。

他很容易接受反馈，必要的时候作出改变。

当然，你要找一个坦然接受改变的人，你自己也得是个愿意改变的人，因为拥有这个好品质会让你对潜在的伴侣更具吸引力！

23 所见即所得

一个普遍容易犯的错误就是爱上一个人的潜力，而不是他/她现在的样子。记住，没有什么能保证那个人会按照你预期的那样去改变。你会觉得如果他/她改变，就能成为更好的人，但他/她可能并不这样认为。所以如果你喜欢某人，那就喜欢他/她现在的样子，而不是喜欢你认为在他/她最好的时候会是什么样子。

比如，我曾经认为自己丈夫的身形应该非常健壮，就像运动员一样，我想每天能看到六块腹肌应该是件不错的事吧！但是他并没有向这个方向发展的愿望。另外我也知道，他很可能希望我能成为一个很棒的厨师，如果我能多花点心思在烹饪上的话。但事实上，我对这方面没有兴趣，至少暂时没有！而我们都接受了对方现在的样子。

多年前，我有个男朋友想让我嫁给他，但我总觉得他在性爱上不如我要求的那么好，如果我在这方面得不到满足，我们俩在一起共度一生就会很困难。所以那时候我想，如果我能让这段感情更富有激情那就完美了。我们尝试了各种方法，性感内衣、维生素、坦陀罗训练等。你能想到的，我们都尝试了。当时我非常确信激情是我们感情关系中唯一缺失的元素，否则就完美了（而事实上往往不是这样，因为性爱是彼此精神和情绪相互联系的一种表达方式）。很多时候，我就像灰姑娘的姐姐们那样，拼命想把脚塞进那只不属于自己的水晶鞋里。

现在我知道了当初那些尝试是多么的徒劳无功，而我却用了令人沮丧的三年时间来懂得这一点！所以我的建议是：要爱你的男朋友或女朋友现在的样子，如果你们在某方面的不合拍让你难以忍受，那就不要指望他/她能改变——你所见到的就是你将得到的！

24 注重内在品质

当你想找一个终身伴侣的时候，不要被对方耀眼的外在品质所迷惑。如果你想好了要找一个富有、漂亮和健壮的人，你会找到这样的人，但是总的来说，这些品质比其他的优点更容易转瞬即逝。你真的应该要着眼于其他更加能够持久不变的品质，比如说这个人是否忠诚、温暖和慷慨。

外在的品质可能会给你短暂的表面上的快乐，但它们不会长久地让你的内心感到幸福。如果那些外在的品质是你首要的考虑因素，那你可能会发现，最终你还是会在这段关系中感到孤独。所以，选择那些真正持久的、对你的内心非常重要的品质。你会希望跟你的伴侣共度一生，这一生会充满快乐和冒险，也会有很多挑战要一起面对。最理想的是，你会希望有人可以一直站在你身边，和你同甘共苦。

25 单身的转运风水

在你的身体之外与你最亲密的东西就是你的家了。你家里的布置真的会反映出你是个什么样的人，你怎样对外表达自己，以及你需要去努力解决的问题。

风水是一种古老的中国理论，起源于3 000年前。它研究一种气（能量或是生命力）在房子中的流动以及物品摆放的艺术，从而让这种能量在你家里的各个区域自由而稳定地流淌。

这里有一些建议，可以帮助你在家里创造一种平衡与和谐，这样你就能吸引到新的特别的人来到你的生活中。

清理出去

如果你刚刚结束了一段感情，或者正处于空窗期，你要清扫整个屋子的每一个位置——每个角落，每个抽屉和每个柜子。如果你的某件衣服在过去的 6 个月,或者最多在过去的一年中从来都没有穿过,那就把它清理出去。如果有些你不再需要的小玩意儿或者你再也不想读第二遍的书,那就把它们送给可能比你更需要的人,或者卖了它们。

当你在清理这些东西的时候,想象一下你这样做是为了给其他人的东西腾出空间。那些乱糟糟的东西会把你锁在过去,如果你承载了太多这样的东西,你会发现在生活中很难继续前进。

不要把那些不需要的东西堆在车库,因为车库也是家庭的一部分,也会对你产生影响。事实上,当我跟客户合作并且到他们家里去帮助改善那里的能量时,我总会看看车库,因为无论有些人为了我的到访把家里打扫得多么整洁,总会忽略车库。这跟潜意识有着密切的关系,也是我能够真正发现问题的地方!

修理好

当你完成了清理这个阶段,你的注意力就要转移到第二步,修理好所有应该修好的东西,比如说坏掉的窗户,卡住的锁,漏水的管子,老是吱嘎作响的门,或是掉了插销的门栓。你要修理好你的家,也包括你自己,这样就不会有泄漏掉的能量!当你做这一步的时候,想象那些旧的伤口都在慢慢愈合,想象你感受到自己从未有过的完整。

打扫干净

让你的玻璃窗光可鉴人，因为肮脏的玻璃表示你看不清楚。彻彻底底地打扫你的房间。

当你打扫了房间之后，如果需要重新刷墙，那就去做吧。如果不需要，那就简单地用一桶水混合 9 滴薰衣草精油或柠檬精油刷洗一下墙壁，把那些过去的毫无生机的能量都清除出去。

26 让你的卧室做好准备，迎接新的爱情

当你清理好房子之后，就是该给你的卧室改善风水的时候了。这一章能教会你如何去做。

宁静

你的卧室应该是个能让你完全平静的地方。这是你的房子里为性爱和睡觉预留的空间。如果你在卧室里摆放了电子产品，就把它们清理出去。另外，也不要放太多的书在卧室，只要少数几本你正在读的就可以了。

床

确保你的床很舒适，并且足够大，能容纳两个人，如果你还只有一张单人床，考虑去换一个双人的。而如果你要买一张新的床，我想建议你买次大号的，而不要买特大号，因为这对你们的性生活更有利！在美国，特大号床下面的弹簧床垫是分割的两块拼凑在一起的，这会在心理上产生一种分歧的暗示。如果你已经有了一张特大号床，那就在弹簧和床垫之间铺一张红色的床单，象征着把它们融合到了一起，想象一下拥有美好的性爱！

另外，最好只有床头靠着墙。如果床的一侧也靠着墙，就没法让两个人都上下自如。

确保你们俩有一对枕头，一对床头柜和一对床头灯。在对方睡的那边摆放一些鲜花，这样能有助于吸引新的能量，或者摆放一株绿色植物，象征着新生。

绘画和照片

一定要记得把所有以前爱人的照片拿掉，特别是在卧室里，这一点务必要做到！与此同时，也要把你家人的照片从卧室里拿走，因为在你享受性爱的时候，如果总觉得你的母亲、兄弟或是祖母在看着你，这可一点都不浪漫！也不要在卧室或者房间里四处摆放你的单人照片，也是同样道理！卧室里能看到的所有景象都必须有助于营造宁静的氛围，所以如果你要在卧室里挂绘画作品，一定要是看上去能让你放松的。

不要把宠物带上床

对不起，爱宠物的朋友们！床是给两个人的，如果你的狗或者猫也跟你一起睡，那就没什么空间给另一个人了。有些人可能会反对说，你们有个特大号床，有的是地方。但是从心理上讲，其实是没有空间了。当你带着约会对象回到家，他可能会觉得跟一个和宠物一起睡的人继续约会很别扭。潜意识里，这会给人一种暗示，那就是你已经有了一个伴侣。理想状况下，你要限制你的宠物睡在另一个房间。但如果你实在无法忍受你的猫或狗不在自己的卧室，那就在地上给它安置一个窝吧。

卧室的位置

想象一下你家的大门是房子的前面，然后在房子的前面和后面之间划一条分割线。卧室最好的位置是在房子的后面，在中心线靠后。通常大部分的活动都是在房子的前面，后面则是比较宁静安详的地方，也是让你自然地感受到安全的地方。这才是卧室最理想的位置。

床的位置

你要把床安放在卧室最显眼的位置，这意味着你要确保能在最大范围内看到你的整个房间，能清楚地看到卧室的门，而不要跟门在同一边，这样你躺在床上的时候才不会被很快穿流而过的“气”所干扰。同时确保不要把你的床摆在窗的下面，不然会影响你的睡眠质量。确保你的床有块床头板，并且牢牢地抵靠着墙。如果你躺在床上的时候很难看到卧室的门，那就在门对面竖一面镜子，这样你不用转头就能看见是否有人走进来。这可以帮助你睡得踏实，也会让你拥有更加清醒的头脑，而这是你在寻找下一个浪漫伴侣时必须具备的条件。

当你做了所有应当去做的改变之后，试试看这样：关上你卧室的门，站在门外，闭上眼睛让自己充分放松。想象一下你是个拜访者，第一次来到这个卧室。睁开眼睛，打开门，当你看到卧室的时候，注意一下你的情绪是感到放松，还是感到刺激。这个房间是让人感觉温馨还是冰冷？你对这个房间的总体印象是什么？根据你的感受，再做出最后的调整。现在就是时候了。一旦你完成了所有的改动，找个朋友来参观你的卧室，看她第一次见到你的卧室有什么样的感受。

27 不要欲擒故纵

如果你要寻找一段真心而长久的感情关系，就不要玩欲擒故纵的游戏，因为这反而会给人一种错觉，好像你在情感上还没有安定下来。虽然这在一开始会加强那种需要和渴望的感觉，但从长远来看，欲擒故纵的方式其实并不会增加你得到（或是得不到）对方的几率。如果你注定要跟某个人在一起，你一定会得偿所愿的。

寻找真爱对于很多人来说都是件严肃的事，有时候欲擒故纵反而像是在玩弄别人，显得不那么真诚。同样地，要避免和那种爱玩感情游戏或是给你不明确的信号的人在一起。

28 不要急着上床

至于要恋爱多久才能更进一步，其实并没有标准答案，因为我们都是不同的人，也处在不一样的状况和感情当中。但是，如果你渴望一段长久的关系，我建议你在发展到身体亲密这一步之前先等一等。恋人间身体上的化学反应很容易被激发出来，所以往往也很容易在还不了解对方的时候就早早地成为了对方的床伴，因为你们对彼此的身体有着强烈的吸引力。在性爱之前，你们要在思想上和精神上充分地了解对方，这点非常重要。那么怎样知道时机已经成熟了呢？

试试下面这个测试，来了解你是否已经做好了准备：如果你刚开始和某人约会，那就想象一下和他做爱（我确信这该是个美好的想象！）。然后想象一下在那之后你会有什么感受。如果你想象之后会有以下任何一种感受，那就说明你还没有准备好。

你没有准备好的标志：

1. 你后悔了，觉得自己本该再等一等。

2. 你感到很沮丧，觉得自己不该这么快就走到这一步。

3. 在做爱的时候以及在那之后，你感到有一种距离感，或者你确信对方有一种距离感。（还记得电影《当哈利遇上莎莉》(*When Harry Met Sally*)中，哈利和莎莉第一次做爱后，哈利眼睛瞪着天花板的那一幕吗？你知道他在想什么，**我做了什么啊？我该怎样才能赶快逃走？**）

4. 你担心自己会染上性病。

如果你的想象中会有以上任何一种感受，那就等一等！不要那样做。你还没有准备好，这么快就发生性关系会让你很受伤，而你们的感情关系也不会有令人满意的结果。

你已经准备好了的标志：

1. 你很了解他，以及他的家人和朋友。

2. 你们都了解彼此是什么样的人，你们也已经讨论过对于一些重要问题的感受。

3. 你们觉得彼此之间有很多共同点，包括你们的价值观。

4. 你们已经对彼此有了相守一生的承诺，你很确定你们的关系会有未来。

用这个测试来判断什么时候可以做爱，比等上一段确定的时间要好得多。但如果你一定要让我给你一个具体的时间，那就看看你们的关系是否已经过了三个月这个坎。往往在三个月的时候，你就能判断这段关系是否可以继续下去还是应该就此结束。那大概会是 10 次约会。如果你们在三个月内才见了两次，那就应该再等一段时间。

你要清醒地做出决定，我真的强调要清醒。不要让自己失去控制，因为你将来会后悔。如果你想象中的感受有任何一种没有准备好的表现，那就再等一等。如果他真的是那个对的人，才不会这么快就跑掉呢！

29 展示自己最出色的一面

谁会不爱天资聪慧的人呢？谁会不爱有思想或是有着丰富爱好的人呢？当你去约会的时候，不要对你所擅长的或是之前的成就过于谦逊，那些真的会很吸引人。当然，你不用刻意炫耀，但是你要表现出自己在某些方面很出色，并且能够全心投入。

就像去面试一份工作一样，当你去约会的时候，展示自己最出色的一面，强调自己的优点一点儿都没错。就像你会用一些美发产品来塑造你的发型，就像你会用香水让自己闻起来清新迷人一样，你也可以让约会对象知道你很擅长打网球，或者得过诗歌奖，或者在非洲的孤儿院做过义工。你怎样展现自己，能极大地反映出你是个什么样的人。

30 全力以赴去恋爱

当你决定要出去真正开始约会的时候，你就要准备好付出努力并且真的做到全力以赴。那意味着你要花很多的精力，为你人生中的爱情腾出空间，而这确实是很花时间的。如果你要一周工作满七天，每天工作满 24 个小时，那你就是还没准备好认真地开始约会，因为在你人生中的这个阶段，你没有空间给除了工作之外的任何人或任何事。所以当你决定要去约会时，那就全力以赴，不要三心二意、随随便便。

约会总是有趣的。如果你去赴了个约会，结果却很糟糕，这往往就会成为你和朋友们晚餐聚会时的最佳谈资。有时候你会遇见很不错的人，但你们彼此没有身体上的相互吸引——那可能这个人最终会成为你的一个新朋友，说不定在将来，他会通过你认识他的终身伴侣！

也有些时候你会遇见能够相处得很好并且也能相互

吸引的人，但因为某些说不出的原因总是有点不温不火。这些经历是最难处理的，但还是可以很有趣，因为这中间总会有些兴奋和刺激的事情发生。

怀着这种总能看到杯子半满的心态（而不是半空），你会开始把约会看成是生活中很快乐的时光，因为你会碰到很多之前不曾遇见过的出色的人。如果你用这种方式去想，那你会觉得约会未必就是专门为了找一个伴侣，虽然那是你最主要的动机。约会其实是社交，让你认识一些本来没机会结识的有趣的人。

如果你想从不断的约会中停下来歇一歇，那就停下来吧。阶段性的约会是个好主意。但是不要放弃你的信念，要永远保持乐观。要知道，只要你一直出去，遇见某个很棒的人的几率真的很高。这往往就是个数字游戏。保持前进，因为你永远不知道在下一个转角会遇见谁。我们都是亲吻了几个（甚至好几个）青蛙，才能找到属于我们的王子或公主。要记住你一定会遇见他/她，在任何地点，任何时间，都有可能。

31 让自己看起来最美

当你约会的时候，一定要尽可能地让自己看上去漂亮迷人，来增强你的自信心。如果有必要的话，去健身房锻炼或者开始一项新的运动养生法吧。保持好身材，做个漂亮的发型，打造一个全新的形象，买一些适合你身材、衬你肤色的衣服。丢掉那些陈旧乏味的衣服，让自己出去约会的时候看上去明艳动人。记住，简单就是最美，但同时，你也要突出自己身体上最出色的部分。别忘了，衣服的颜色要适合你的肤色。这些都能让你感到更加自信。

一定要穿让自己觉得舒服的衣服，你的衣服能反映出你是什么样的人，所以要整洁而轻松。不要穿那种会在与对方交流的时候分散你注意力的衣饰，比如说过高的高跟鞋，或者老是从肩膀上滑下来的上衣，或者过于紧身的裙子和衣服。也不要穿那种会让你感觉拘谨或是不自在的衣服。如果你不确定你要去的地方是否有着装要求，不要犹豫，直接去问你的约会对象——他知道了你愿意为他打扮会很高兴。

当你和某人出去约会的时候，一定要赞美他的穿着或是外表，因为人们出去约会前都会花很多精力来打扮自己。如果你让对方知道你看出了他的努力，会让他很高兴，同时也是在约会过程中为自己加分。

32 确保你们步调一致

并不是每个人在约会的时候都想着结婚。很多人只是约会而已，并没有准备好和某个人厮守终生。

了解了这一点，你要想清楚自己希望从约会中得到什么。你是想要跟不同的人交往从而得到一些社交经验呢？还是想要一段认真的感情关系？你是想要找到你的终身伴侣呢？还是只想得到一些性体验？

你的目标会决定你对待约会的态度。如果在我21岁的时候你问我想从约会中得到什么，我会说"经验"；而如果在31岁的时候你再来问我，我就会说"遇见我的终身伴侣"。如果你确实准备好了要遇见你的终身伴侣，那你的目标是什么？现实一点。你希望在三年内结婚吗？还是五年？十年？

当你清楚地知道自己想要从约会中得到什么时，你就可以和你的约会对象说清楚。如果你只是想和一些不同的人交往，那就让对方知道，你现在还不想对任何人作出承诺。如果你的约会对象是在寻找她的终身伴侣，那就不要引她误入歧途，而要帮助她，不要浪费她的时间。同样的，如果你是在寻找终身伴侣，而对方只是随意地和不同的人交往，那就转身离开吧，他不会是你的白马王子。而如果你还是执迷不悟地爱他，你会受到伤害。不要错误地以为你可以改变他的目标。不管你多喜欢这个人，你们只会是生命中不相交的平行线。

33 第一次约会的禁忌

避免这些约会中的常见错误：

1. 第一次约会不要喝太多酒。跟一个容易失控或是看起来有酗酒习惯的人约会可不是什么令人愉快的事。而且，酒精容易让人头脑发热，会让你做出将来后悔的事。

2. 不要谈论你的前任，因为这不会给人好印象。谈起前任会让你现在的约会对象觉得你还没有从上一段感情中走出来。并且，不管你说什么，更多地其实是反映你自己的状况，而不是你的前任，所以最好什么都别说。

3. 不要一直谈论你自己，尤其不要说太私人的事，或者是跟你个人情感问题有关的事。

4. 不要随意翻搅你盘子里的食物。如果你们出去吃饭，一定要好好吃。当别人请你吃饭的时候，对食物表现得没兴趣是很不礼貌的。同时，约会的时候要注意你的餐桌礼仪！

5. 不要谈论结婚、承诺和/或生育孩子之类的话题。

6. 不要喷太浓烈的香水或须后水，不要让自己闻起来很廉价。确保自己干净整洁，浑身散发出自然的气息。

7. 不要太过裸露。穿着打扮要给对方留下想象的空间，穿一些让自己感觉舒服但又漂亮的衣服。

8. 不要撒谎。谎言会跟着你一辈子！要说实话，不要试图伪装成另一个人。

9. 不要迟到。你不会希望一开始约会就失礼或是惹恼对方。

10. 不要做爱，除非你只对一夜情感兴趣。要保留一点神秘感。

11. 不要让约会的时间太长。理想情况下，最好是当你们都玩得很尽兴的时候，在感觉最棒的时候说再见，让这种愉悦感没有机会衰退。

12. 不要在约会的时候接电话。事实上，应该把手机关了。

13. 不要对服务员无礼。

14. 不要说某人的坏话，不管是对餐厅里的某个陌生人，还是对朋友或是家人。

15. 不要对自己或是个人形体自我贬低。你的约会对象不会想知道你是否希望拥有更好的腹肌或是你想要减肥。

34 约会中应该做的

这里是一些非常简单易行的方法，可以让你给对方留下好印象，并且在约会的时候玩得开心：

1. 一定要用积极正面的方式来交谈。

2. 保持眼神接触，因为那会非常迷人。

3. 多使用你的身体语言。如果你喜欢对方，这就会自然而然地发生。

4. 一定要保持微笑。

5. 让自己有幽默感，为对方讲的笑话而由衷欢笑。如果感到自然而轻松，你自己也会一起开玩笑。

6. 了解一些时事，这样会让人觉得你对社会热点和文化很有兴趣并且能够与时俱进。

7. 为对方的穿着表示赞美。真诚相待，要特别留意对方着实花了心思的地方。

8. 玩得开心。让自己平易近人、有趣、随和，并且找到彼此的共同点。

9. 做些有趣的事。除了平常的吃饭和看电影之外，有很多活动可以在第一次约会的时候去做。这里有一些建议：

打网球或是其他体育运动，其间可以闲聊。
去海滩或是乡村野餐。
去溜冰。
打场迷你高尔夫或是去远足。
去音乐节或是听场音乐会。
去看戏剧或是歌舞表演。

还有很多其他的活动，尽量想一些别出心裁的约会方式吧！

35 学会与人闲聊

记住，你可能在任何地点、任何时间遇见你的终身伴侣，可能在机场，可能在杂货店等着结账的地方，也可能在健身房的跑步机上。懂得了这一点，你就要让自己有足够的自信能在任何时候与人建立联系。这意味着你要成为闲聊的高手，并且习惯跟不认识的人攀谈。如果你知道自己很害羞，那最好要找各式各样的人去练习，克服这个心理障碍。

与人建立联系的首选方法就是要让自己留心别人在做些什么，他们穿着怎样，他们在吃些什么。你要用跟他们有关的东西来跟对方交流，而不是关于你自己的。而且你要表示出真心感兴趣。这需要自信，但不能紧张——其实人们都喜欢谈论自己。

与人交谈的时候要随意而轻松。如果她带了宠物狗，那就问问她的狗叫什么名字。如果是火车上的邻座，那就聊聊他在读些什么。一定要多与人交谈!

当你们聊天的时候,要保持眼神接触,并且让你的身体语言保持开放。其实我们每个人都很擅长身体语言和调情,只是对于一些人来说显得很容易,而对于另一些人来说稍难一点。调情其实就是自信的表现。

另外,当你约会的时候,要确保你们的谈话能一直进行下去。而闲聊真的能让你们免于尴尬而可怕的沉默。

这里有9个很好的问题,可以在你们开始谈话之后去问对方,从而进一步建立起融洽的关系,如果你需要一些让谈话继续进行下去的方法,那么可以参考:

1. 你最大的兴趣爱好是什么?
2. 你去过的地方中,最喜欢的是哪里? 没去过的地方中,最想要去哪里?
3. 如果你想培养一个新的爱好,你希望是什么?
4. 有什么事情是你一直想去做但又害怕去做的?
5. 你喜欢你的工作吗? 如果是,你喜欢它的哪方面?
6. 如果你能换一个职业,做你想做的,你希望选择什么?
7. 你最喜欢的5部电影是什么?
8. 你最想要邀请哪位名人(不管是否还在世)一起晚餐?
9. 如果你可以住在这世界上的任何地方,你希望是哪里?

记住一定要放松。不要像个警察一样来问这些问题,也不要一次性问完!选择其中一个,让对方的答案把你们的谈话引到一个新的方向。

36 对于网恋的建议

每当我碰到在寻找伴侣的时候遭遇挫折的人，我总会问问他有没有尝试过网恋。让我们正视它吧：这确实是一种简单、方便且如今似乎大家都在采用的方法。你也可以试试看，记住以下这些建议，这样你就不会碰到什么麻烦。

清楚地知道你想要什么

在你开始上网寻找约会对象之前，一定要真正搞清楚你为什么要这样做，以及你想要找什么样的人。如果你要找人生伴侣，那就选择一个专门针对那些认真寻找人生伴侣的约会网站。如果你只是想随便找人约会一下，那就选择那些特别为此设计的网站。有很多不一样的恋爱网站，适用于很多不同的人群，需要花时间好好研究一下，找到最适合你的那个网站，找到你想要的。

选择付费网站

你要选择一个每月付费的网站，因为需要付费的网站才会吸引类似的认真寻找人生伴侣的人。没人愿意浪费钱！

你的照片

一定要用一张自己最近的照片，照片上的你要面带笑容，看上去平易近人。最好是齐肩的半身照，光线打得很好，并且是彩色的。如果你 40 岁了，就不要只是为了能看上去更年轻更瘦一点放一张 20 岁时的照片。你可不想见面时看到的是对方脸上失望的表情，因为是你欺骗了他。同样道理，你也不会想和一个看起来跟照片上完全不一样的人交往。

另外，放一张照片就够了，或者最多两张，不能再多了。要留给别人一些想象的空间。要确保照片上你的穿着跟平时一样，不要穿一些特别的衣服，而不能准确反映现实生活中的你。

你的个人介绍

要认真对待你的个人介绍。把它当成你的简历，找个熟识你的朋友和一位家人来帮你检查一下，看看他们是否认为这最准确地描述了你。真诚地展示你自己。你会希望自己最真实的一面被人喜欢，而不是那个伪装的你，或是你希望成为的那个你。

当你写个人介绍的时候，要突出那些你独一无二的地方，记得要具体详实。如果你喜欢学习语言，那就举个例子（比如，我最近完成了6个月的中文培训）。或者如果你喜欢动物，去年曾在哥斯达黎加跟野生海豚一起游泳，那就把这段经历放进你的个人介绍里。要用你最近做过的事或是想要去做的事来描述你的爱好和品质。要试着抓住别人的想象力，这样他们才会真的对你有感觉。举出例子比简单地说“我喜欢学习语言”或“我喜欢动物”要有力得多。

确保你的个人介绍是积极阳光的。不要对过去的经历或是你写的其他任何内容作负面悲观的描述。语言要干净，不要在个人介绍或者当你开始跟某人有通信往来时提到性爱，这类语言可能（很可能）会令人不安并且给人留下粗鲁的印象。你也会发现用这样的语言想要找到一个真正的人生伴侣是不太可能的。

最后，一定要确保你清醒并清楚地知道自己想要的是什么。

联系对方

在你跟对方通信之前，一定要确定自己是真的读完了对方的介绍以及他对自己的所有描述，这样你才能跟他联系。比如，如果你看到他来自纽约，而这正是你最爱的城市之一，那么纽约就可以成为你们开始交流的起点。而如果他最爱的电影正好跟你一样，那就告诉他，这样也可以开始你们的交谈。

在你们来回通信期间，你可能会希望在见面前通过电话跟对方交谈几次。说话的声音能在很大程度上反映出一个人是什么样的。

另外，在见面之前，试着从其他人那里了解这个人，或者从网上得到一些信息，这样你就能弄清楚对方是不是他自己所说的那样的人。

要最大限度地尊重跟你通信的每一个人。如果你已经遇到了某个你喜欢的人，不想再跟其他有联系的人保持通信关系了，那就清楚地告诉他们你已经遇到了喜欢的人。要真诚对待别人，虽然你们是通过网络结识的，但在网络另一端的那个人也是有感情的。同时，如果你通信的时候喜欢上了某个人，但没有进一步发展，也不要觉得失望。

见面

你们的第一次见面应该安排在公共场所，并且尽量安排在白天。你们可以在咖啡馆、酒吧甚至是小餐馆碰面，这样你们花个 15 分钟就能简单认识一下，如果有兴趣的话，可以延长到两个小时也没问题。

如果你们在邮件和电话中相处得非常好，但一碰面却没有了感觉，你也不要觉得失望。约会就如同数字游戏，跟你从对方身上看到、听到、闻到和面对面交流时的感受有很大关系。

记住，有很多人正在为你守候，不要因为被拒绝而灰心丧气。就像往常一样，继续前进，你终会找到属于你的那个人。

出于安全的考虑，不要告诉对方你住在哪里，以防对方不是他口中描述的那个人，或者是个跟踪狂！相信你的直觉。如果你觉得面前的这个人看上去不太对劲，那就赶紧离开。

确保你的某个朋友或家人知道你的约会地点，虽然我通常并不建议在首次约会时使用手机，但在这种情况下最好让你的朋友或家人在约会开始的时候打个电话给你确认你安然无恙。把你约会对象的网名和照片留给你的朋友或家人，以备不时之需。

37 了解约会对象的七个主要问题

当你被某人深深吸引的时候，往往容易被对方最美好的一面所迷惑，就像戴上了一副玫瑰色的眼镜看人，什么都是美的。所以一定要尽力让自己保持清醒和理智。

当你和某人刚开始几次约会的时候，有些东西是需要特别留心的，你要善于去发现并且听出那些言外之意，而不只是听对方挂在嘴上的话。

你不会希望问对方太多问题，免得让他/她觉得自己像是进了审讯室。但是你一定要擦亮眼睛，竖起耳朵，让你的感官处于清醒状态，尽量去找出以下七个问题的答案。

1. 你的约会对象跟他/她家人的关系亲密吗？

去发现你约会对象的家庭关系，看他/她跟父母的关系是否亲密。他/她经常跟父母交谈吗？他/她会抽时间去看他们吗？这能充分反映出他/她是不是一个有家庭观念的人。留意一下对他/她来说，放在第一位的是家庭还是工作。因为当你跟他在一块儿的时候，他/她的选择往往会是一样的。

2. 你的约会对象喜欢孩子吗？

留意一下你的约会对象是否有提及孩子。他/她有没有特别喜欢的外甥或者侄女？或者他/她是不是很讨厌待在一个有小孩子吵吵嚷嚷的地方？

3. 你约会对象的父母相处怎样？

你约会对象的父母常常吵架吗？他们会不会连着好几个星期都在争吵？这些争吵会升级为家庭暴力吗？或者他们会不会压抑着不说，把所有问题都藏着掖着？

通常情况下，人们在感情关系中的行为往往会是他们父母关系的真实写照，所以这是一个需要特别注意的问题。

4. 你的约会对象和别人的关系怎么样？

他跟朋友、同事和兄弟姐妹的关系如何？他们在周围人当中受欢迎吗？他们怎样跟父母交流？他们尊重别人吗？在跟人交谈的时候他会倾听别人吗？

5. 你的约会对象跟你的朋友和家人相处得怎么样？

通过观察他跟你朋友和家人的交往，你能得到很多关于这个人的讯息。他们相处得很融洽还是有些拘束？从爱你的人那里得到一些反馈总是个不错的办法，因为旁观者清，并且他们是为了你好。

6. 你的约会对象有雄心壮志吗？

他/她总会轻松达到目标吗？他/她是否强势？他/她是否擅长于他/她所做的事？他/她热爱自己的工作吗？

7. 你的约会对象在困难面前会如何反应？

你的约会对象告诉你关于他/她如何处理困境的经历能够充分反映出他/她的本性，会表明当生活遭遇挫折的时候，他/她将如何应对。在困难面前，他/她会习惯于指责外部因素导致了困境，还是会积极努力地让自己摆脱困境？

创造持续一生的爱情

38 星星之火，却能燎原

我记得多年前参加过精神导师拉威·香卡(Ravi Shankar)的一个交流会，在会上他说的一些话深深地打动了我。他说如果当你遇到某个人时，随即燃起激情四射的火焰，这样的感情往往难以维系，因为它在最初就已经倾尽所有。然而，如果当你遇见某个人时，只擦碰出了一星火花，这样的感情反而会慢慢成长。

我用这个例子是想说，强烈的激情预示着没什么潜能可以让这段感情维系长久。毕竟，火焰到达了顶点就只会开始逐渐湮灭。而星星之火反而有潜力和空间可以随着时间慢慢成长——可能刚开始的时候没那么耀眼，但这更稳定也更持续，并且有潜力可以变得更闪亮，也能延续得更久。

如果你去问那些拥有真挚爱情和稳定婚姻的人们，很多人都会告诉你，当他们遇见另一半的时候，那种感觉和他们在之前感情关系中所经历的完全不一样。

所以你要让自己很敏感，因为你遇见那个人时的感觉刚开始可能并不那么强烈，尤其是当你已经习惯了碰撞出强烈火花才开始一段感情的方式。要留意你跟这个人相处时是否比之前任何一个人都觉得舒适自在，并且感到你们之间有一种很不寻常的轻松的氛围，这个人是否鼓励你做真实的自己，发挥出你最好的一面。每个人在遇到人生伴侣的时候都有一段独特的经历；然而，相似的是往往都会有一种回家的感觉。所以，即使一开始你没有被某个人迷倒，或者没有马上擦出爱情的火焰，也不要急着把这个人列入黑名单。记住，如果你的这段关系跟以往所有的感情经历都不一样，那么你很有可能真的是遇见了那个特别的人。你的终极目标可不是爱上一个人，而是在爱中成长。

39 留意你们关系中的“第三者”

当两个人走到一起的时候，会由一半的你和一半的对方组合而成一种相互的作用力。这就像生成了一个新的人，一个“第三者”，它有着你们所有的优点和缺陷，融合了你们所有的性格特征。

懂得了这一点，你就会意识到，不管你上一个伴侣是什么样的，你们都互相激发出了一些性格品质，并且让它们更加突出。这种关系就叫做动态组合。

我记得在之前一段长久的感情关系中，我觉得自己非常受忽视，因为我认为男朋友不够热情。所以我常常批评他，用这种方式来巩固自己的地位，并且推卸责任。随着时间的推移，我逐渐意识到我有两种选择：我可以继续这样，无限期地等下去，始终做这个牺牲者；或者我可以看看自己在其中所起的作用，接受我们的动态组合并不那么富有激情这一事实，而且我身上的某种东西也总是会吸引到那些感情不专注的人。最终我认识到,这不是他的错,也不是我的错,只是我们之间生成的那个动态组合行不通。

40 发现你们性爱的默契程度

性爱的默契对于一段稳定健康的关系来说是非常重要的。性爱的频率并没有对错之分，每一对夫妻都不同。重要的是，你和你的伴侣能够对性爱频率和默契度达成一致。

最理想的是找到一个在性爱需求上跟你类似的人，但是，这往往不是在第一次约会时就能谈到的话题。如果你们对性爱的需求不一样，那么还在约会的时候就应该好好谈谈这个，因为等你们结婚了这也不大可能改变。如果你觉得你们能互相满足对方，那就最好不过了。但如果不能，那你们的不默契是难以改变的。

如果你深信对方是你的终身伴侣，也确实希望拥有美满的性生活，但你们俩在需求上有点差异，那就好好谈谈各自的需要，想想你们应该怎么做才能让彼此都满意。在结婚之前就把这个问题解决好，因为当你们结婚的时候，你们都必须得说："我很高兴将这样度过我的余生。"

41 清醒地对待钱的问题

当你跟某个人结婚的时候，你也跟他/她的银行账户结婚了！所以要把你的理财观跟对方说清楚，这样才能避免将来可能出现的问题。如果你是那种善于储蓄不喜欢借贷的人，而你的伴侣是花钱大手大脚喜欢负债的人，那么在结婚之前，最好在钱的问题上达成一致。

比如说，我就是个习惯储蓄的人。我喜欢在自己能力范围内开支，而如果手头紧张的话，我就会精打细算。如果我觉得家庭的收入不足，我就会开始得所谓的“纸袋女人综合征”(Bag-Lady Syndrone)。好像很多女人都会有这种症状，不管她们的经济状况如何，就是会无端地害怕自己会流落街头、无家可归并且身无分文。

而另一方面，我的丈夫天生就比较会花钱。当然在应对一些困难状况时他也学会了节俭，但我们对金钱还是有着不一样的看法，这很可能是受我们从小不同的家庭教育方式所影响的。

讨论金钱的问题可能会引发各种各样的情绪，这取决于你们从小所受的教育让你们如何看待金钱。想想你的父母对金钱的态度。他们是不是认为要努力工作才能赚到钱？还是他们会认为钱来得很容易？

出于某些原因，问别人赚多少钱会让人觉得很粗鲁。事实上，这比问别人有关性生活的问题更加令人讨厌。但你要培养出自己健康的理财习惯，这样，你也就会更容易吸引到和你一样有着健康理财习惯的人。

这里是一些你和对方可以一起回答的问题：

1. 你比较爱花钱还是爱储蓄？
2. 你有借贷吗？如果有，是多少？
3. 你有一年、五年、十年甚至三十年的理财目标吗？
4. 你家人对钱是怎么看的？
5. 你对金钱的看法现实吗？
6. 你对金钱有规划吗？
7. 你花钱大手大脚吗？
8. 你觉得赚钱容易吗？
9. 你可以轻松地谈论有关钱的话题吗？
10. 在钱方面，你有什么不清楚的问题吗？

42 看看对方的感情史

如果你遇到一个不能确定是否合适的人，可以尝试略微窥探一下对方的感情史。如果你意识到这个人跟很多非常出色的人在一起过，但都无法维系一段长久的感情关系，那一定要记住，他不可能马上就改变自己。（当然也有一些非常少的特例，有些人觉得除非是遇到了真正的人生伴侣，跟其他人发展长久的感情关系并且纠缠不清是在浪费时间——但是相信我，这种事情极少发生。）

但这也确实存在。在我遇到我丈夫之前，他已经有10年没有拥有过一段真正长久的感情关系了，只是因为他觉得那是浪费时间。我这样说是想证明，任何规则都会有特例！

这里有一些问题可以帮助你衡量对方是否有能力作出承诺：

1. 他是有一个稳定的职业,还是经常在换工作?

2. 她是每年都搬家还是一直住在一个地方?

3. 他有没有养宠物?

4. 她有没有养植物并且定期浇水?

5. 他有没有一些关系很铁的老朋友?抑或他最好的朋友是六个月前才刚刚认识的?

6. 她的好朋友们结婚了吗?还是她们都还单身?

43 用脆弱架起心灵的桥梁

我们都是脆弱的。当我们遇见新对象的时候，往往是我们最脆弱的时候。用脆弱来架起心灵的桥梁并不意味着你不能坚强和自信，这只是意味着你的温暖、细心和坦率也非常重要。

显得完美无瑕或者给人什么都能搞定的印象并不是好的约会策略，因为这会让对方觉得你根本不需要他/她，并且你身边也没有他的位置，很难与你深入交流。一般来说，我们往往通过自己的脆弱来和对方建立心与心的联系，而不是假装自己是完美无缺的。当然，你不会想一出去约会马上就开始诉说你的问题，但是也不要让人觉得你已经非常完美，没什么空间去成长了。

要记住重要的一点，那就是要坦率，在对方面前展露你的脆弱。当你用一种真诚的方式去表达自己时，你也就会自然而然地通过你的身体语言和姿态体现这种坦诚。

44 理解男人和女人沟通方式的差异

男人和女人有不一样的身体构成，所以沟通方式也不一样。这一章能帮助你理解这一点，这样你就能更好地跟对方沟通，并且理解为什么在你们的感情关系以外，你们也需要稳固的友情，来弥补你的伴侣所不能满足你的某些需求。

理解男人和女人沟通方式的不同会帮助你变得更耐心，也更容易接受对方，并且懂得没有哪个人能满足你的一切需求。他没有必要那样做，而你也不会想要他那样做。

女人喜欢深入而有意义的交谈，我们通过与别人的互动来懂得生活，也很擅长这种交流。我们用语言来维系情感，试图通过跟彼此分享内心的想法和正在做的事情来建立一种亲密无间的关系。我们会聊某些事对自己的情绪产生了怎样的影响，和朋友讨论这些成为一种减压的方法，而不必去寻求解决途径。通过和别人的交流，我们感受到生机与活力，并且向她们表示我们很信任她们。

而大部分男人会觉得很难用语言表达自己内心的感受，所以他们不会是很好的分享者。他们更喜欢通过行动来表达他们的想法。如果你看到一群男人在一起，他们通常都会谈论各类时事和活动，而不是感受。男人往往通过一起参与活动来交流。所以，要看一个男人做什么，而不是听他说什么，因为你能通过观察他的行为理解他的想法。他会为你做饭吗？会帮你做足底按摩吗？会给你送花吗？如果一切都是静音的，你只能像看无声电影一样看着他，你能看到他爱你的举动吗？即使你是那种充满甜言蜜语的人，你也不要期待对方能因此也用甜言蜜语来报答你。

女人通过倾诉内心的想法来释放压力，但男人会谈论他们的问题来找到解决办法。这种差异会让很多情侣沮丧不已，因为如果男朋友只是想办法去“解决”她的问题，而不是充满同情地听她说，女性会觉得她没有被倾听；而男人会无法理解为什么女朋友不接受他的建议，而事实上，她只是想找人倾诉而已。

通常男人会默默地解决自己的问题，而不会跟女人去讨论。他可能会在自己解决了问题之后才聊起它们，所以作为女人，你要给他空间让他自己去处理问题。如果你想要帮忙，就给他买一扎六罐装的啤酒，或是他最爱的曲奇饼干，好让他带进属于自己的小天地里，等待他想出解决方案、王者归来的那一天。

女人们一定要记住跟男人之间的这些区别，懂得如果自己需要一场深入而持久的交谈，那么打电话给闺蜜才是聪明的选择。千万不要试图把自己的另一半变成闺蜜。

男人们也要理解，当女人说话的时候，她深层的动机是要与你建立起亲密的关系，不管你认为她所谈论的话题是否重要。所以男人可以跟你的女朋友更多地分享自己的经历，与她用一种亲密的方式交谈，倾听她的想法，这样她的需要会得到满足，会感受到你对她的爱。

不管和男人相处得有多好，女人都需要和闺蜜们聊天；不管和女朋友的关系有多好，男人也需要跟自己的兄弟们一起活动。认识到你们有着不同的需求而对方并不能够一一满足，反而最终会成就一段健康的感情关系。

45 赞赏对方

你要一直让对方知道，你非常感激他为你所做的一切，让他知道他做了什么让你很高兴。让他知道他在床上有多棒，告诉他你觉得他有多迷人，以及你有多钦佩他和他所从事的工作。你的伴侣没法猜中你内心的想法，他会希望知道你需要他。而且，尽量用行动来向他证明你对他的慷慨有多感激。你可以帮他跑跑腿办点事，给他的吐司面包涂上黄油，按摩一下他的肩膀，或者给他买最爱吃的巧克力。你做这些小事就能表明你已经注意到了他对你的大度和宽容，这会大有成效。

如果你曾面临过这样的状况，你的伴侣说："我觉得自己从来都没法让你开心"，那就是因为在他让你高兴的时候，你没有给他足够的赞美，或者向他表达出足够的感激。这种迹象表明，如果你再不注意的话，他就会去寻找那些跟他在一起能快乐并且他能给对方快乐的人。所以一定要时时刻刻记住用语言和行动来表达你的感激。

46 做一个好的倾听者

在约会时你能做的最好的事情就是认真倾听对方。不要假装你在听，而要积极地听，这样对方才会觉得自己得到了倾听和理解。

积极的倾听意味着你要把全部的注意力集中在对方身上，真心地在意她所说的话，并且鼓励她继续说下去。人们总是希望自己得到认真的倾听，他们能够分辨在他们说话的时候，你是否三心二意，或是在想自己的事情，也能分辨你是否真的有兴趣倾听，还是急于表达自己。

我听很多人说过，比尔·克林顿就是积极倾听的典范。遇见过他的人都说，当你跟他交谈的时候，你会觉得自己是唯一的存在。他从不东张西望，他会看着你的眼睛，完全沉浸在你所说的话里。在约会的时候你也要做到这样，你也要留心对方是否在认真地听你说，还是三心二意。如果在开始的几次约会中，他/她就眼神不专注，或是神游太虚，这在将来就很可能会是个问题。

47 警惕七大危险信号

你不可能爱上一个人的全部，但你要知道自己的底线在哪里。先看看下面这些，也许会激发出你的灵感，把你自己的想法补充进去。

1. **嫉妒**：如果你跟一个很容易嫉妒的人在一起，你在感情关系中就无法自由地做你自己，如果你是个异性缘不错的人，这一点就更为明显。即使刚开始你会觉得嫉妒也挺有意思的，甚至对你来说是一种恭维，但长此以往，如果他/她对你做些什么、去哪里或是见什么人一直加以控制，你会觉得压抑到窒息。

2. **暴虐**：如果他是个在身体上或语言上有暴力倾向的人，会使用贬损人的评论并很粗鲁，你一定要赶紧转身就跑，永远不要回头。

3. **上瘾**：如果他/她对酒精、毒品、赌博、某种食物或者任何其他东西上瘾，最终都会让这种嗜好凌驾于你之上。他/她不可能爱你胜过他/她的嗜好，你也就得跟他/她的嗜好终生为伴。

4. **撒谎**：如果对方不诚实，并且习惯了谎话连篇，你就永远都无法完全信任他/她。

5. **不忠**：如果对方有不忠的感情史，那他/她也可能会背叛你。

6. **有家室**：如果对方不是真的单身，即使他口口声声说他就是一个人，并且坚持说他的婚姻关系已经分崩离析，你也可能永远都是那个被晾在一边的人。

7. **不能相伴左右**：如果刚开始，在你最需要对方的时候他/她都不会陪伴在你身边，那就不要妄想他/她以后能做到。

48 怎样判断对方爱上了你

想知道你们的关系是否有希望吗？这里有一些表现可供参考：

1. **家人很重要：**他带你去见他的家人。这意味着你不再是他人生中的过客。如果他邀请你去参加大型的家庭聚会，比如说婚礼，或是他祖母的 90 岁寿宴，这就是个很好的预兆。

2. **想到你：**他会想到你，并且记得你说过的话，会出乎意料地给你买礼物。他会因为你的为人而赞美你，而不是你的外表。

3. **未来：**他会和你计划几个月以后的假期和各种活动。他会谈论未来的理想，也会问你有什么规划。

4. **联系：**他会常常打电话/发邮件/发短信给你。他会认为你们每个周末都应该待在一起。

49 每一个细胞都要呐喊:“是的!是的!是的!”

不要考虑结婚,除非你身体里的每一个细胞都在呐喊:“是的!这就是我要找的那个人!这就是要陪伴我走过人生波澜起伏的那个人!”

如果你没有百分之百确定你们的感情,就不要考虑结婚。这不是说你的伴侣必须要完美无瑕,事实上这也不可能。他不完美,你也一样!但你们一定要能感觉到,你们在一起,就像一个团队一样,有着坚强、稳固和忠诚的感情基础,你们会互相扶持、逐渐成长并完善彼此,共同经历人生的美好与艰辛。如果你有哪怕一丁点儿的怀疑,就不要结婚,等待你百分之百确定的那一天,或者重新开始!因为那一丁点儿怀疑的声音随着时间的推移会变得越来越强烈,直到把你湮没,完全听不到除此之外的任何声音,你会后悔当初应该听从自己的内心。

当我遇见我丈夫的时候,我几乎是出自本能地预感到我们的感情会是不一样的。第一次,那个怀疑的声音无影无踪了。当我踏上红毯走向我丈夫的那一刻,我身体里的每一个细胞都确信,他就是我的一生所求。

50 相信时机

遇见你的终身伴侣不仅需要你采取行动，对方也要采取行动。既然你还没有遇见他（或者可能你还不知道你已经遇见他了），你就无法控制他的成长。

这本书中的每一个建议都是要让你准备好，让你日臻完善，达到充分自信的境界。然后就是等待所有美好的事物接踵而至，你们俩终成眷属的那一刻。时机真的很重要！

在前言部分，我就跟你们分享了我是如何出乎意料地遇见了我的丈夫奥利。同样地，当你遇见了与你走进婚姻殿堂的那个人后，回头看看，你会发现你们的不期而遇简直是莫名其妙，而且是在你心里并没有想着要遇见这个人的时候，你可能还把心思放在别的什么事情上。你能控制自己要走的路，所以努力吧，一次一小步。要相信有那么一个人正在为你守候，这一定会发生——你会遇见你理想的伴侣——同时努力让自己摆脱陈旧错误的习惯和理念，这样就能吸引到那个喜欢你本真的人。

任何地点，任何时间，你都可能遇见那个人。

今天你还单身，可能明天就能和你的终身伴侣在一起。所以坚持你想要什么的信念，相信这会在你身上发生，因为它确实发生过，并且继续每天发生在那么多人身上，不管他们年龄几何，所处的环境如何。记得要一路享受人生！

你的爱情有多甜蜜？

现在是时候来看看你的爱情生活到底有多甜蜜了——以及怎样让它变得更加甜蜜。根据你的测试结果，采纳以下建议，看看在你寻找真爱的过程中哪些小窍门最适合你。

1. 如果你回答：

A 参考章节：2，4，6，7，8，10，11，12，13，14，18，19，22，23，25，26，30，50

B 参考章节：2，3，4，6，7，8，10，11，12，14，18，22，25，26，50

C 你会从所有过去的经历中吸取经验，这样你就能在下一次拥有更加健康和成功的感情关系。请继续阅读其他章节，让你的爱情更加甜蜜。

2. 如果你回答：

- **A** 参考章节：1，12，15，16，18，19，25，26，30
- **B** 参考章节：1，2，3，4，5，6，8，9，10，11，12，13，14，15，16，17，18，19，21，22，24，25，26，30，43，50
- **C** 你对于寻找爱情有着积极的心态，并且相信有人正在为你守候。请继续阅读其他章节，让你的爱情更加甜蜜。

3. 如果你回答：

- **A** 参考章节：2，3，4，6，7，12，14，16，18，23，37，39，42，43，47，48
- **B** 参考章节：12，16，18，24
- **C** 参考章节：2，4，6，12，15，16，18，22，24，37，42，43

4. 如果你回答：

- **A** 参考章节：1，2，4，6，7，9，12，13，15，16，17，18，19，22，25，26，37，47，49，50
- **B** 你能充分享受生活。请继续阅读其他章节，让你的爱情更加甜蜜。
- **C** 参考章节：2，3，4，6，7，9，11，12，13，14，15，16，17，18，37，47，49，50

5. 如果你回答：

- **A** 参考章节：2，4，6，7，8，10，11，12，15，16，18，43，

44,46

B 能够积极对待自己的问题真的很棒,这会让你的下一段感情关系更加健康。请继续阅读其他章节,让你的爱情更加甜蜜。

C 参考章节:2,3,4,6,7,10

6. 如果你回答:

A 参考章节:1,2,4,6,7,8,9,10,11,12,14,16,18,19,22,23,24,25,26,28

B 参考章节:2,4,8

C 参考章节:1,2,4,6,7,8,9,10,11,12,13,14,15,16,17,18,19,21,22,24,25,26,28,30,32,33,34,36,37,38,44,45,46,47

7. 如果你回答:

A 参考章节:4,6,12,16,22,23,24,41,47

B 你会参考家人的意见,但同时也相信自己的直觉。请继续阅读其他章节,让你的爱情更加甜蜜。

C 参考章节:4,23,32,37,41,42,47

8. 如果你回答:

A 参考章节:40

B 参考章节:23,39,40,43,49

C 参考章节:23,39,40,49

9. 如果你回答:

A 参考章节:33,37

B 你懂得爱情需要耐心,你会等待感情的成长和发展,而不会拔苗助长。请继续阅读其他章节,让你的爱情更加甜蜜。

C 参考章节:3,34,37,43

10. 如果你回答:

A 你知道虽然现在你没有伴侣一起共度节日,但总有一天你会拥有的。请继续阅读其他章节,让你的爱情更加甜蜜。

B 参考章节:1,2,4,6,7,8,9,11,12,13,14,15,16,17,18,19,50

C 参考章节:1,2,4,6,12,14,17,18,19,50

11. 如果你回答:

A 参考章节:2,4,6,8,12,15,16,18,22,24

B 通过花时间思考自己想要什么样的伴侣,你就能在他/她来到你身边时一眼就认出来。请继续阅读其他章节,让你的爱情更加甜蜜。

C 参考章节:2,4,6,8,12,16,18,22,23,24,37

12. 如果你回答:

A 参考章节:2,5,6,7,12,14,15,16,18,22

B 参考章节:2,6,12,15,16,18,22,37

C 你周围有许多美满的感情关系,这样你也就能吸引到美好的爱情。请继续阅读其他章节,让你的爱情更加甜蜜。

13. 如果你回答:

A 参考章节:2,7,10,12,15,17,18,30,33,34,35,36,37,44,46,47,48,50

B 参考章节:17,30,34,35,36,37,46,47

C 你懂得只有走出去,才能增加遇见另一半的几率。请继续阅读其他章节,让你的爱情更加甜蜜。

14. 如果你回答:

A 参考章节:2,9,12,17,18,25,26,33,34,35,36

B 通过尝试新的社交场所和新的事物,你就为自己创造了更多的可能性。请继续阅读其他章节,让你的爱情更加甜蜜。

C 参考章节:2,4,6,8,11,12,15,16,17,18,25,26,34,35,36

15. 如果你回答:

A 参考章节:21,22,23,24,37,44,47

B 参考章节:2,4,6,7,9,12,16,18,19,22,23,24,32,37

C 你很聪明,懂得这世上没有人是完美无缺的。请继续阅读其他章节,让你的爱情更加甜蜜。

16. 如果你回答:

A 参考章节:2,3,4,5,6,7,8,10,11,12,14,15,16,18,19,22,23,24,25,26,28,32,37,39,42,44,45,46,47,48,50

B 参考章节:2,4,6,7,8,10,12,16,18,22,23,25,26,32,37,47

C 参考章节:2,4,6,7,8,10,11,12,14,15,16,18,19,22,23,24,25,26,28,37,39,40,41,42,43,44,45,46,47,48

17. 如果你回答:

A 参考章节:2,4,6,8,10,11,12,13,14,15,16,18,22,47,49

B 参考章节:22,37,43,47

C 注意红色警告并且在决定是否继续下去之前坦率说出自己的顾虑,这非常重要。请继续阅读其他章节,让你的爱情更加甜蜜。

18. 如果你回答:

A 你希望让自己看起来很美,但同时也懂得展示自己的本真非常重要。请继续阅读其他章节，让你的爱情更加甜蜜。

B 参考章节：2，4，14，28，31，33，34

C 参考章节：7，12，14，18，24，29，31，33

19. 如果你回答：

A 除非你们彼此在心理、情感和身体上都处于单身状态，否则开始一段感情是毫无意义的。请继续阅读其他章节，让你的爱情更加甜蜜。

B 参考章节：2，4，6，7，12，16，18，23，24，27，32，37，42，47

C 参考章节：2，4，6，7，12，14，15，16，18，19，23，24，32，42，47

20. 如果你回答：

A 参考章节：2，4，6，7，9，11，12，14，15，16，18，19，21，24，25，26，31，32，33，34，35，37，46，47

B 参考章节：2，4，7，10，11，12，16，18，24，25，26，27，28，37，38，39，42，43，44，46，47，48

C 参考章节：1，2，4，6，7，9，10，11，12，16，18，25，26，37，47

21. 如果你回答：

A 参考章节：7，9，12，18，20，34，35，37，46，47，48

B 参考章节:7,9,12,18,20,34,35,37,46,47,48

C 你很善于观察,具有敏锐的直觉,可以很容易看出对方是否对你有兴趣。请继续阅读其他章节,让你的爱情更加甜蜜。

22. 如果你回答:

A 参考章节:28,33,37,47,48

B 参考章节:8,37,42,43,47,48

C 你已经懂得在达到身体亲密这个阶段之前,你们必须在情感上做好充分的准备。请继续阅读其他章节,让你的爱情更加甜蜜。

23. 如果你回答:

A 参考章节:24,37,41,42

B 参考章节:23,37,41,42

C 参考章节:4,23,37,41,42

24. 如果你回答:

A 就你的物理空间而言,你已经准备好为新的爱情腾出位置了!请继续阅读其他章节,让你的爱情更加甜蜜。

B 参考章节:2,3,7,11,12,18,25,26,32,37,43,48

C 参考章节:2,3,4,6,7,10,11,12,15,18,22,25,26,37,48

25. 如果你回答：

A 参考章节：12,23,24,39,40,41,44,45,47,49

B 只有当你确定身体里的每一个细胞都在呐喊着"我愿意"时，你才会做出一生的承诺。请继续阅读其他章节，让你的爱情更加甜蜜。

C 参考章节：23,39,40,44,47,49

致　谢

我要感谢无数出色的心理专家、个人发展培训师、人生教练和健康咨询师们以这样或那样的方式对这本书作出的贡献。从我年少时起，你们中的每一个人都曾帮助过我卸下自己的面具和盔甲，让我展露自己的本真，这让我能够把精力专注于用同样的方式去影响别人。我要在这里特别感谢苏珊·坎贝尔(Suzanne Campbell)、托尼·怀斯曼(Tony Wiseman)、约翰·戴维斯(John Davis)、丽塔·赫玛(Rita Homritch)、汤姆博士(Dr. Tom)、比尔·康明(Bill Cumming)和麦克·罗宾逊(Mike Robinson)。

感谢我杰出的编辑萨拉·佩兹(Sarah Pelz)，以及Harlequin的整个团队，包括塔拉·凯利(Tara Kelly)、马克·汤(Mark Tang)和莎拉·亚历山大(Shara Alexander)。

感谢我出色的文稿代理人莎朗·玛芬(Shannon Marven)和莱西·林奇(Lacy Lynch)，以及Dupree Miller的所有同仁,谢谢你们两次把我的书稿从如山的稿件堆里挖出来! 这真是上天注定的,证明了有时候冷不丁的一个电话还真是很有用!

我还要感谢《赫芬顿邮报》(*Huffington Post*)、乔尔·曼德拉(Joel Mandel)、斯考特·沃伦(Scott Warren)和KTLA,以及萨姆·费舍尔(Sam Fischer)和P. J. 夏皮罗(P. J. Shapiro)对我的支持,还有CAA的阿什利·戴维斯(Ashley Davis)和安德烈·罗斯(Andrea Ross)的参与。

感谢Howhappyis. com网站的全体同仁,尤其是我们极富才华和创意的搭档乔恩·斯图尔特(Jon Stout),以及负责组织协调的特里·凯利(Terri Carey)。

感谢我哥哥尼克(Nick)认识奥利,感谢马塞尔(Marcel)这个好朋友让我住在你们家这么久,我才能遇见奥利,感谢莉安娜(Leanne)正好在那个时候走出家门碰上了奥利,感谢黑兹尔(Hazel)邀请奥利去喝下午茶。

还要感谢莉安娜·本杰明(Leanne Benjamin)、海蒂·露丝·罗宾斯(Heidi Rose Robbins)、妮娜(Nina)、麦克·尼尔(Mike Neill)、雷纳塔·达诺比蒂亚(Renata Danobeitia)和戴维斯·弗雷泽(David Fraser)成为我人生路上的灵魂伴侣。

奥利,你是我一生的挚爱。朱达(Judah),你这个最快乐的小天使,你是最棒的!